L'EXODE URBAIN

Manifeste pour une ruralité positive

Terre vivante a réalisé en 2010 la première analyse du cycle de vie (ACV) d'un livre en France. Cette étude nous a permis d'identifier les impacts de la fabrication d'un livre sur l'environnement, dans l'objectif de les limiter. Pour en savoir plus : Fabriquer des livres, quels impacts sur l'environnement ? sur www.terrevivante.org

Le papier choisi pour cet ouvrage est issu de pâte vierge produite écologiquement en Europe à partir de forêts gérées durablement.

Ce livre est de plus imprimé en France, par un imprimeur soucieux de préserver l'environnement à travers des actions d'économies d'énergie, de valorisation des déchets, d'utilisation de produits moins nocifs pour la santé des travailleurs…

Depuis 1979, la Scop **Terre vivante** vous fait partager ses expériences en matière d'écologie pratique : jardinage bio, habitat écologique, alimentation saine et bien-être, consommation responsable… à travers :
- l'édition de livres pratiques,
- le magazine *Les 4 Saisons*,
- des jardins écologiques proposant des stages pratiques,
- un portail Internet : www.terrevivante.org

Le catalogue des ouvrages publiés par Terre vivante est disponible sur simple demande et sur Internet.

Terre vivante, domaine de Raud, 38710 Mens
Tél. : 04 76 34 80 80
info@terrevivante.org
www.terrevivante.org

Direction éditoriale : Brigitte Michaud
Coordination éditoriale : Julie Dubout
Conception graphique : Floriane Le Roux
Illustration : Arthur Anttila
Mise en page : Marie Housseau
Crédits photographiques : toutes les photos sont d'Anne-Claire Héraud, sauf p. 39 © Marcela Barrios, p. 64 © Alice Pagel-Brousse, p. 80 © S'Cool Bus, p. 82 © Famille Giraldès, p. 99 © Martin Bruno.
Photogravure : C'limage
ISBN : 978-2-36098-581-4
ISSN : 2649-5783

L'EXODE URBAIN

Manifeste pour une ruralité positive

Claire Desmares-Poirrier

terre vivante

Éloge du bonheur

Ça commence par l'histoire personnelle de Claire, en tant que représentante de la génération Y, qui ose, plus que les précédentes, changer sa vie du tout au tout afin de réaliser son idée du bonheur, plutôt que de poursuivre sagement le chemin tracé par son passé universitaire. Mais ça se mélange tout de suite avec l'examen critique des conditions d'existence individuelle et collective dans cette partie du globe qu'est la France. Et cela continue ainsi, tout au long du livre, en une oscillation opportune entre le moi et le monde. Ce n'est pas la pure introspection d'une jeune femme qui aspire à la liberté, non plus qu'une sèche analyse sociologique de la petite bourgeoisie provinciale. C'est une dialectique continue entre l'être urbain et l'être rural, entre la ville et la campagne, qui se conclut à l'avantage de cette dernière pour une raison qui finit par devenir évidente : on est plus heureux à la campagne.
À la condition que la campagne ne soit pas le décor champêtre recherché par les citadins dominicaux fatigués, qui s'extasient parfois sur les bienfaits de la nature rurale sur leur santé sans jamais penser y vivre plus d'un week-end, tant ceux qui habitent au-delà du périph leur semblent sous-développés, balourds, ploucs. Au contraire, montre Claire, pour celles et ceux qui forment un projet de vie entière issu de leur « carnet de rêves », la campagne n'est pas une étendue sauvage marquée par la pesanteur des personnes et des choses, elle devient l'espace de déploiement de nos multiplicités, le lieu de nos épanouissements immatériels, au calme des paysages, elle est notre écoumène. Paradoxalement, c'est la ville qui s'affaisse de ses soucis matériels par une abondance factice de biens et de services, toujours plus aliénants. Ainsi, de la convivialité quotidienne. Qui contredirait le fait qu'en ville, l'anonymat, soi-disant libérateur, s'accompagne souvent d'un isolement psychologique que l'on tente vainement de compenser par la fréquentation quasi-exclusive d'une tribu d'appartenance assez homogène du point de vue de l'âge et de la classe sociale ? Tandis qu'à la campagne, tant en famille qu'en socialité, c'est l'intergénérationnel et le voisinage géographique qui priment, comme autant de diversités enrichissantes, bien que parfois pesantes.

Politiquement, le projet d'après-guerre d'industrialisation de la France et de l'Europe a conduit à un exode rural systématique et massif pendant les Trente Glorieuses. Cela au prix d'une transformation du capitalisme paternaliste d'antan en un libéral-productivisme, avant tout soucieux de maximiser l'efficacité et les profits, sans guère d'attention pour les humains réduits à leur dimension producteur-consommateur. Ni pour les territoires, considérés comme surfaces de concentration d'activités et de pouvoirs pour les agglomérations urbaines, et d'aires d'abandon à l'agro-industrie productiviste pour les zones rurales. On constate aujourd'hui l'échec de cette politique d'aménagement du territoire, aussi bien en matière de résorption des inégalités que d'amélioration de la qualité de l'environnement. Au point qu'en 2020, il est désormais pensable que la mondialisation, dans laquelle s'inscrit cette évolution de la société française, soit menacée par un effondrement systémique planétaire, dont la pandémie due au coronavirus n'aura été que le premier domino qui s'écroule, entraînant bientôt dans sa ruine tout le réseau des autres dominos cruciaux (énergie, alimentation, transports, communication, santé, finances, pouvoirs régaliens). La fin du monde tel que nous le connaissons.

Nous n'en sommes pas encore là, et Claire nous signifie qu'une bonne politique d'aménagement du territoire – l'exode urbain et la ruralité positive – est précisément l'un des outils privilégiés pour écrire un nouveau récit enchanteur pouvant conduire à une société plus heureuse… et plus résiliente. En « regardant la ville en face », selon l'angle de Claire, nous partageons ses griefs contre la matérialité insupportable de la ville (logements trop chers, alimentation aseptisée, emplois uberisés et stressants, longs déplacements polluants…) et même contre son immatérialité codifiée en postures superficielles de consommateurs ostentatoires, de « globules hédonistes d'augmentation de soi » (Thorstein Veblen). Non que la vie à la campagne soit l'exact inverse de ces maux urbains mais, en milieu rural, on triche moins. Le contact plus direct avec les éléments et les voisins nous enjoint de reconsidérer nos besoins, de réfléchir à ce qui compte vraiment pour nous, de cesser de nous tromper. Parce que la nature proche, par exemple le jardinage potager régulier décrit par Claire, et surtout les voisins géographiques qui sont nos miroirs, encadrent notre aspiration à l'autonomie locale résumée dans le slogan apparemment paradoxal : l'autonomie, c'est l'entraide. En effet, en femme politique avisée, Claire montre que l'éloignement, voire la rupture complète avec les grandes structures de domination matérielle (les entreprises transnationales) et symbolique (les institutions) ne produit pas une personne monadique, sans portes ni fenêtres, mais au contraire un être de relations, d'échange d'affects, en coprésence charnelle avec ses voisins, qui non seulement enrichissent son savoir-faire, mais aussi forment son épanouissement. Ceci n'est pas du tout l'apologie d'un quelconque localisme fermé puisque Claire ne dissocie pas ces relations de proximité de la fréquentation régulière de la culture au point que, simultanément à son installation en tant que fermière, elle s'installe aussi en tant diffuseuse de livres, organisatrice de débats, productrice d'artistes. Elle reprend ainsi le bel aphorisme de Michel Torga : « L'universel, c'est le local moins les murs. » Claire a écrit là un petit livre, grand par sa densité.

Yves Cochet
Ancien ministre de l'Aménagement du territoire et de l'Environnement,
président de l'Institut Momentum

Avant-propos

Le projet d'un livre sur l'exode urbain a mûri en moi pendant longtemps. Il y a deux ans, je me suis engagée dans la rédaction. La rencontre de Brigitte Michaud, directrice éditoriale des éditions Terre vivante, fin 2019, a fini de sceller le destin de cet ouvrage.

Quand la crise du coronavirus a commencé, nous étions en train de finaliser le travail sur le manuscrit. Il était impossible de ne pas intégrer cet évènement hors norme et l'impact du confinement sur notre rapport à l'espace. Si nous n'avons pas radicalement changé l'angle de l'argumentaire, une lumière légèrement différente est venue éclairer le propos et, je l'espère, alimenter la dynamique d'exode urbain nécessaire à la construction du monde d'après.

Ce livre est un appel à l'action. Il est indispensable, pour notre avenir à toutes et tous, de changer de modèle. Il est urgent de casser un idéal de vie, reposant sur la consommation et la concurrence, et de proposer une alternative désirable qui s'appuie sur la coopération et un lien accru au vivant. J'endosse sans ciller un parti pris radical. J'invite chacun·e à faire le bilan de son rapport à la vie urbaine, à réfléchir à ses réels besoins et finalement à envisager de quitter la ville, ses injonctions, ses contraintes et notamment la frénésie consumériste qui s'applique à tous les aspects de la vie pour rejoindre l'alternative qui se construit à la campagne.

J'ai souhaité partager une conviction, mais également témoigner de mon expérience. Si l'exode urbain me paraît être la meilleure des choses qui puisse nous arriver individuellement et collectivement, cette opinion est ancrée sur du vécu. La ruralité est plurielle et mon point de vue est empreint de ce que je suis, de mon parcours, d'une expérience spécifique, du territoire qui m'a accueillie. Mon cheminement s'inscrit dans un schéma générationnel. Il est le reflet d'une période de l'histoire.

J'espère qu'en lisant ces quelques pages, l'envie vous prendra d'aller vous aérer et d'initier dans votre vie une révolution nécessaire. Si vous êtes en train de lire cet ouvrage, ce n'est sûrement pas par hasard : soit la question de l'exode urbain vous a déjà traversé l'esprit, soit ce livre vous a été offert et peut-être cherche-t-on à vous faire passer un message. Vous n'y trouverez pas une méthode en dix points pour réussir, un « prêt-à-consommer ». Vous y découvrirez, au cours de votre lecture, des éléments de compréhension, ainsi que les exemples qui vous donneront peut-être l'envie de vous lancer. La façon de faire vous appartient.

CHANGER DE VIE ET CHANGER LE MONDE

QUI LISEZ-VOUS ?

« Je m'appelle Claire Desmares-Poirrier, je suis née au Havre, au début des années 1980. Je fais partie de la génération Y. J'ai grandi à quelques kilomètres de la ville, dans un petit bourg au nom singulier : Saint-Vigor-d'Ymonville, avec son lot de vergers bucoliques, ses vaches normandes qui pâturent et sa vue imprenable sur la zone industrielle en contrebas, dans la vallée de la Seine, dont la plupart des habitant·es sont salarié·es. À dix-sept ans, j'ai fui la campagne pour faire mes études de Sciences Politiques à Lille. J'ai passé une grosse dizaine d'années en ville et puis j'ai fait le choix de retourner à la campagne pour m'installer en Bretagne Sud.

Bientôt dix ans que j'ai fait mon exode urbain et pas un jour où je l'ai regretté. Cette décision était devenue une évidence. Aujourd'hui, je sais que c'était la condition pour construire une vie épanouissante. Il me fallait quitter la ville pour pouvoir me retrouver…

Je me souviens comme hier du point de bascule, de ce jour où la fameuse question : "Suis-je à ma place ?" est arrivée. Bien sûr, accompagnée d'un étrange cortège de fatigue, de symptômes, d'un état global de lassitude et d'ennui. Je n'avais aucune conscience à l'époque que je semais, avec ces quelques mots, les graines d'un changement radical. Le temps s'est écoulé et il était évident que je ne pouvais pas me débarrasser de cette interrogation. Qu'elle allait mûrir, grandir, prendre de plus en plus d'ampleur jusqu'à bousculer tout le reste.

Qui n'a jamais ressenti ce vide abyssal et intérieur ? Un sentiment diffus de ne pas reconnaître l'image que nous renvoie le miroir. Cette angoisse existentielle questionne notre capacité à faire "quelque chose de notre vie" – une injonction absurde, puisque l'on fait toujours quelque chose de sa vie, mais qui pourtant pèse en chacun·e de nous. Il s'agirait plutôt de "réussir", sous-entendu accéder à un statut social et atteindre ainsi une forme de satisfaction et de reconnaissance. Il est alors essentiel d'appréhender la notion de réussite à travers un prisme différent, afin de comprendre qu'elle tient davantage dans le sens que l'on donne à sa vie, plutôt qu'à un statut valorisant ou un salaire imposant[1].

1. À lire, sur le refus de parvenir : Corinne Morel Darleux, *Plutôt couler en beauté que flotter sans grâce – Réflexions sur l'effondrement*, Libertalia, 2019.

Comme de nombreux représentant·es de la génération Y, j'ai ressenti ce vertige. Depuis mon grand bureau, au septième étage d'une tour de verre. Depuis cet espace de pouvoir et de légitimité, où mes compétences et mes diplômes étaient reconnus, j'avais cru à ces promesses : "Si tu veux réussir ta vie, il faut bien travailler à l'école, trouver un bon boulot, etc." et puis… Et puis, malgré une grande école, un poste de cadre et une bonne rémunération, j'étais face à une inexplicable angoisse. Il n'y avait pas de mot, seulement une évidente sensation de ne pas coller au cadre.

Et si la quête de soi passait par le fait de s'extraire du monde qui nous entoure ? Nous cherchons tous un sens à notre vie. À la fois une raison d'avancer, mais aussi le moyen de nous épanouir pleinement. Et si l'erreur était ce mode de vie : métro, boulot, dodo, conso qui nous éloigne chaque jour un peu plus de la nature et de notre nature. Qui peut imaginer qu'un poulet de batterie ait une vie épanouissante ? Quand bien même il se serait hissé à cette cage tout en haut, au-dessus de la masse, au plus près de la lumière, il resterait prisonnier de sa condition.

Pour moi, cette quête était très intime. Il s'agissait en priorité de faire coïncider mon quotidien avec des principes essentiels : respecter l'environnement, refuser la consommation de masse, améliorer mon alimentation et assurer une part de mon autonomie alimentaire. Je ne voulais plus gaspiller, mais plutôt recycler, réutiliser, réparer. Plus que tout, je voulais avoir du temps à consacrer à celles et ceux que j'aime, du temps pour écouter à nouveau mon corps et ses besoins, et être en phase avec le cycle des saisons. Enfin, je souhaitais faire de mon travail un levier du changement sur le long terme. L'envie d'un mode de vie plus en accord avec mes convictions m'a poussé à quitter la ville, mais aussi à développer un projet entrepreneurial.

Avec Adrien, mon mari et partenaire dans ce défi, nous avons constitué un carnet de rêves, recueil de nos aspirations personnelles, professionnelles, familiales. Quitter la ville ne revient pas seulement à fuir un système qui dévore ses habitant·es, c'est avant tout imaginer une autre manière de vivre. Boussole dans les tempêtes, ce cahier nous rappelle à notre aspiration initiale : changer de vie et changer le monde.

En 2011, nous avons posé nos valises à Sixt-sur-Aff, commune d'un peu plus de deux mille âmes située au sud de l'Ille-et-Vilaine, dans un triangle entre Rennes, Vannes et Nantes : à approximativement une heure de voiture de chacune de ces grandes agglomérations. La ville principale de notre secteur est Redon, ancienne cité industrielle en déclin, sous-préfecture qui émargeait à huit mille neuf cents habitant·es en 2014, mais en perd chaque année. Notre territoire, plutôt sinistré économiquement et vieillissant, conserve néanmoins une dynamique associative et culturelle. Le faible coût du foncier, comparé à celui de nombreuses zones en Bretagne bien plus prisées, draine un public de jeunes et des projets alternatifs. Notre ferme L'Amante Verte se situe dans un hameau isolé, à 7 kilomètres du bourg, au lieu-dit "La Châtaigneraie des Landes". Nous sommes la dernière exploitation agricole du hameau encore en activité. Concrètement, nous avons développé une ferme bio de production de plantes aromatiques et médicinales. Comme nous souhaitions qu'elle ne soit pas fermée, nous avons ajouté à l'activité de production un espace d'accueil : un café-librairie et jardin. La Table de l'Amante Verte nous permet de recevoir le public, de partager autour de la passion des plantes, mais aussi d'aborder d'autres sujets qui nous tiennent à cœur. La ferme n'est pas notre propriété individuelle, nous l'avons acquise avec cent vingt-six associé·es en SCI coopérative, reconsidérant ainsi le rapport à la terre et à la propriété privée, auxquels on lie trop souvent les campagnes. S'il est issu d'une aspiration individuelle, d'un rêve de couple, notre projet "agri-culturel" intègre une importante part collective et communautaire, notamment en proposant au café les produits de nos collègues agriculteurs·trices bio du secteur, en offrant un espace de rencontre et de débat, en proposant des partages de savoir-faire ou en diffusant la culture locale.

Nous recevons souvent des porteur·ses de projets ou des personnes qui envisagent de sauter le pas et réfléchissent à leur exode urbain. Cet ouvrage est également le fruit de ces échanges. Nous souhaitions donner envie à d'autres de se lancer. C'est déjà le cas aujourd'hui, mais je souhaitais aller au-delà des discussions interpersonnelles et partager plus largement mon intime conviction. Celle qu'une vie meilleure est possible à la campagne, plus simple sans doute, mais riche de tellement de choses essentielles.

Il est temps d'engager un mouvement des villes vers les campagnes, de se réapproprier ces territoires, de leur donner de l'énergie, un avenir désirable. Le futur de nombre d'entre nous est là-bas !»

Sachet de verveine citronnée.

La Table de l'Amante Verte : le café librairie.

À QUI S'ADRESSE CET OUVRAGE ?

Cet ouvrage ne s'adresse ni aux amoureux·ses du béton et du goudron, ni aux aficionados de la balade romantique dans les rues désertes au petit matin. Il est sans doute possible d'être heureux en ville et c'est une bonne nouvelle. Mais combien d'entre nous s'y sentent mal au point d'accepter que cela les rend malades ? Combien ne se retrouvent pas dans les contraintes citadines ? C'est à ce public que je m'adresse. Dans un sondage IFOP, datant d'avril 2019, 57 % des urbain·es interrogé·es affirment qu'ils aimeraient quitter la ville s'ils en avaient la possibilité et 81 % des personnes interrogées considèrent la campagne comme un idéal de vie. Et si l'heure était venue de sauter le pas ?

En l'espace d'à peine quatre générations, des millions de femmes et d'hommes ont quitté les campagnes, abandonné un lien historique à la nature pour un rêve de vie meilleure. La ville était synonyme de réussite, d'épanouissement individuel, d'élévation au-delà de son cadre social. Que reste-t-il de cet idéal aujourd'hui ? Les villes sont le miroir des inégalités croissantes des sociétés contemporaines. S'y côtoient l'opulence et la misère. Dans ces espaces de tensions, qui peut prétendre au bonheur ? Tout le monde est concerné par l'érosion de ce mythe. Résorber les inégalités ne suffit pas. Même les classes favorisées n'y trouvent parfois plus leur compte.
Il faut acter que la promesse de l'exode rural était un mensonge, qu'il ne servait qu'une société consumériste avide de client·es, de nouveaux marchés et de main-d'œuvre docile. Renverser la donne est une nécessité, pour les individus autant que pour l'avenir de la planète.

La crise que nous vivons, suite à la pandémie de Covid-19, a réveillé un sentiment de vulnérabilité chez de nombreuses personnes vivant en ville. Le confinement est une période introspective qui force à interroger ses choix de vie, à se confronter à ses contradictions. Pour certain·es, c'est un électrochoc, pour d'autres c'est la maturation d'un processus engagé depuis plus ou moins longtemps. Il s'agit d'écouter la petite voix qui nous murmure, à la fin d'un week-end à la campagne, en famille ou chez des amis, de ne pas faire nos valises, mais de préparer nos cartons. Celle qui s'amplifie quand la maison de nos grands-parents est vendue à des inconnus, alors que nous aurions tant souhaité y transmettre à notre tour un peu de ce qu'ils nous y avaient offert : des fruits, des savoirs, de l'amour.

Si les envies peuvent être présentes, les barrières sont nombreuses. Préjugés, clichés, contraintes réelles ou supposées, peurs intimes et jugements des proches.

Comment appréhender cette petite révolution individuelle et collective ? Prendre le chemin de l'exode urbain, ce n'est pas nécessairement « partir élever des chèvres dans le Larzac », à l'instar des premiers néoruraux. Quitter la ville ce n'est pas rompre définitivement avec les personnes qui y vivent encore, ce n'est pas forcément fuir par peur du chaos. La première étape est de casser les idées reçues et d'accroître les échanges entre les territoires afin de créer un lien fertile. Il faut que chacun·e ait l'opportunité de se projeter. C'est essentiel pour que le mouvement d'exode urbain puisse être large et juste. Un tiers des urbain·es ne partent jamais en vacances. Pour de nombreuses personnes, la campagne n'existe pas, tout simplement.

Je vous invite, au long de ces quelques pages, à interroger l'idéal de vie urbain et à construire un schéma alternatif. À porter un regard critique sur l'exode rural, mouvement qui semblait inexorable, et imaginer un renversement, un exode urbain signifiant, fruit de la rencontre de multitudes de choix et d'aspirations individuelles. L'exode que nous pouvons réaliser aujourd'hui sera à l'image de l'évolution de la société. La génération Y est en quête de sens et d'engagement. Connectée, elle ne vit pas ce départ comme un isolement, mais comme une manière différente de vivre le lien à sa communauté. Elle est un pont possible entre ville et campagne pour propager un futur souhaitable. L'exode urbain a le pouvoir de changer votre vie, de changer les campagnes et finalement de changer la société dans son ensemble. Cet ouvrage est une invitation à franchir le cap.

1

POUR EN FINIR AVEC L'EXODE RURAL

« Ils quittent un à un le pays
Pour s'en aller gagner leur vie
Loin de la terre où ils sont nés
Depuis longtemps ils en rêvaient
De la ville et de ses secrets
Du formica et du ciné […] »
Jean Ferrat, « La Montagne », 1964.

VILLES, CAMPAGNES, QUELLES DÉFINITIONS ?

Avant d'aborder le rapport entre zones urbaines et rurales, il est important de définir ces espaces aux frontières mouvantes. Les débats entre géographes ou urbanistes à ce sujet sont nombreux et animés et je ne prétends pas les arbitrer. J'essaierai seulement de fixer un cadre pour déterminer ce que nous évoquons dans cet ouvrage quand nous parlons de ville ou de campagne.

Ville n.f. (du latin *villa*, « maison de campagne ») : agglomération relativement importante et dont les habitant·es ont des activités professionnelles diversifiées.

Campagne n.f. (de l'ancien français *champaigne*, « vaste étendue de pays plat ») : étendue de pays plat et découvert (par opposition à bois, montagne, etc.) ou assez plat et à l'intérieur des terres (par opposition à montagne, bord de mer, ville). Les champs, par opposition à la ville ; les terres cultivées ; les gens qui y habitent.[2]

Ainsi, la ville est « dotée », alors que la campagne brille par « l'absence de ». Qualifiée par défaut, cette dernière incarne ce qui « n'est pas » : la ville, la montagne, etc. Dans les zones intermédiaires, il est bien souvent difficile de se situer, il n'existe pas de frontière palpable. Comment affirmer de but en blanc « ici, c'est la ville » ou inversement « ici c'est la campagne » ? À ce titre, ces zones périurbaines, ces banlieues, ont une position particulièrement complexe et mouvante.

Par définition, la ville intègre la notion de continuité du bâti[3], de densité. Deux mille habitant·es réparti·es sur un grand territoire, dans de tout petits hameaux éclatés, comme c'est le cas dans mon village, ne forment pas une « ville ». L'INSEE considère que c'est à partir de deux mille habitant·es en bâti continu qu'on parle « d'unité urbaine ». C'est le premier curseur.

Cette approche est largement contestée par les urbanistes, autant que par les philosophes[4]. Il est effectivement complexe de fixer un nombre minimum d'habitant·es. Le ressenti de chacun·e, les modes de vies, les services proposés entrent en jeu dans ce qui sera plutôt qualifié de « petite ville » ou de « village ». C'est cette absence de critère qualitatif qui fait le plus débat. Entre une métropole d'envergure et une ville

---

2. larousse.fr (dictionnaire en ligne).
3. La continuité du bâti désigne l'absence de zone vide. Dans une ville, il ne peut y avoir de coupure de plus de 200 mètres entre deux constructions.
4. Lire à ce sujet : Jean Vioulac, *L'époque de la technique*, PUF, 2009, coll. Épiméthée.

moyenne, la réalité du quotidien est bien différente. En outre, au sein d'une même grande ville, entre centre urbain et banlieues, entre banlieues pavillonnaires et grands ensembles, les conditions de vie sont inégales, la ville n'est en rien un tout homogène. L'hétérogénéité des situations est aussi présente à la campagne. Entre une zone rurale isolée et en déclin et la proche périphérie d'une ville dynamique, la notion de « vie à la campagne » n'est pas la même.

Il est intéressant de se référer aux catégories qu'utilise le Ministère de la Cohésion des territoires pour « dessiner » une typologie des campagnes françaises. Pour simplifier un peu le découpage popularisé par l'Observatoire des Territoires[5], il existe trois grands groupes.
D'abord, les campagnes qui tirent leur épingle du jeu : les zones rurales favorisées (seize millions d'habitant·es et près de dix mille cinq cents communes) qui regroupent essentiellement les zones bénéficiant de l'influence d'aires urbaines. On y vit, mais bien souvent on travaille dans la ville la plus proche. La densité croissante de certaines de ces zones et leur métropolisation – étalement urbain progressif – en fera vraisemblablement de futures zones périurbaines intégrées. On trouve également dans cette catégorie les zones littorales qui, plutôt destinées au tourisme et comptant une majorité de résidences secondaires, bénéficient d'un maintien d'emploi et d'une dynamique démographique positive.
Ensuite, se dégage la ruralité intermédiaire (cinq millions et demi d'habitant·es , dix mille cinq cent vingt-trois communes). L'activité y est essentiellement agricole ou industrielle, l'influence urbaine est absente, les dynamiques démographiques sont positives, c'est le cas d'une grande partie des campagnes au nord-est de la Loire.
Enfin, les campagnes isolées et vieillissantes (cinq millions deux cent mille habitant·es , douze mille huit cent quatre-vingt-quatre communes) qui se caractérisent par une très faible densité de population, un net vieillissement, un revenu moyen très bas et l'éloignement des services courants. Si le tourisme, l'arrivée de retraités en résidence (surtout dans le Sud) et l'agriculture permettent de maintenir un minimum d'activité, le différentiel économique entre ces espaces – surreprésentés sur un axe entre la Meuse et la chaîne pyrénéenne – et les autres reste significatif. Les zones de montagne sont particulièrement concernées.

5. Rapport d'étude sur la Typologie des espaces ruraux et des espaces à enjeux spécifiques (littoral et montagne) pour le compte de la DATAR, novembre 2011. Cette typologie propose trois groupes et sept sous-classes.

Comme tous les classements, celui-ci est nécessairement imparfait, en particulier par l'absence, là aussi, de volet qualitatif. Un village, où le revenu moyen est bas et l'âge moyen élevé, mais où 100 % des habitants sont heureux de vivre, ne vaut-il pas mieux qu'un espace où tous les indicateurs économiques et démographiques sont au vert, mais qu'une bonne partie de ses habitant·es rêve de quitter ?

Villes et campagnes se définissent l'une par rapport à l'autre. La proximité immédiate d'une large offre de biens et de services est l'atout essentiel des zones urbaines. En revanche, la concentration entraîne un développement constant des villes qui se transforment en agglomérations, puis en métropoles. Finalement, la ville devient prédatrice, elle transforme la campagne, l'absorbe, la menace sans cesse. Ce sont ces métropoles, à la croissance continue et aux inégalités criantes, que je critique avant tout dans cet ouvrage. À l'inverse, il me paraît indispensable de revaloriser les zones rurales qualifiées « d'isolées » : celles qui ne dépendent pas de la proximité d'une grande agglomération pour exister. C'est pour ces espaces en particulier que j'espère voir un véritable exode urbain.

Puisqu'il faut tout de même un curseur pour déterminer ce que l'on désignera par le mot « ville » dans ce livre, je le placerai au-delà de dix mille habitant·es, considérant comme telles les zones urbaines qui regroupent en leur sein un grand nombre de services : administratifs, juridiques, commerciaux, financiers, scolaires, etc.

AVANT L'EXODE URBAIN, L'EXODE RURAL

Avant d'aborder l'exode urbain et l'espoir qu'il représente pour construire le monde de demain, il nous faut revenir sur le mouvement inverse, qui a façonné le monde que nous connaissons aujourd'hui : l'exode rural. Les villes, les métropoles de France et du monde entier se sont remplies, renforcées en vidant dans un même mouvement les campagnes de leurs habitant·es. En fonction des zones, cet exode a été plus ou moins précoce et progressif, mais c'est une constante, tout autour du globe, il y a de moins en moins de population en zone rurale, de plus en plus dans les grands espaces urbains, et le mouvement ne s'érode que très peu. Qu'est-ce qui a poussé et pousse encore autant de ruraux à quitter leur communauté, leur activité, leur vie pour rejoindre les villes ?

Précisons que ce schéma est très ancien. Déjà, dans l'Égypte des pharaons ou la Grèce antique, on trouve trace de mouvements de population importants des campagnes vers les villes. L'attrait de la cité comme lieu de pouvoir, d'opportunités, de sécurité et de liberté est commun aux humains dans le monde entier et depuis des milliers d'années. Il n'est donc pas simple de s'attaquer à ce mythe.

Ce mouvement global d'exode rural repose d'abord sur une nécessité matérielle. La pauvreté endémique des campagnes (trop de bouches à nourrir, disettes), leur moindre accès aux services, la difficulté pour nombre de paysan·nes de faire face aux aléas climatiques et l'opportunité que représente un emploi salarié en ville sont des facteurs déterminants. Ce schéma est commun notamment aux habitant·es d'Auvergne et de Bretagne au début du xxe siècle et, plus récemment, à celles et ceux des steppes mongoles, des forêts primaires d'Asie du Sud-Est, des zones désertiques d'Amérique latine… On retrouve partout ce différentiel de niveau de vie ville/campagne qui incite à faire le choix contraint de l'exode rural.

LE POIDS DES MOTS

Exil, exode, les mots ont un sens et la charge symbolique de ces termes pèse lourd. Il ne faut pas négliger que la décision de quitter les campagnes a longtemps reposé sur la nécessité, plus que sur le désir simple, de construire sa vie ailleurs. Il existe bien un idéal, un mythe positif qui l'accompagne – partir en ville pour réussir, s'extraire de sa condition sociale, de son cercle familial, trouver un·e partenaire, fonder une famille, tendre vers un avenir meilleur que celui qui s'écrit sur son lieu de naissance : la ville comme sauf-conduit de l'individu, promesse d'une vie épanouie, prospère et libre. Pourtant, le terme d'exode, renvoyant aux périodes de guerre ou de crises graves – accélérateurs de ces mouvements de population – marque un mouvement contraint et une ampleur particulière.

Pour mieux comprendre l'ampleur de l'exode rural, il faut avoir connaissance du contexte. En Europe, les révolutions industrielles consécutives engagent un mouvement massif et définitif des populations vers les villes, créant finalement des métropoles tentaculaires[6]. La disparité de mode vie entre les villes qui se modernisent et la pauvreté endémique des campagnes renforcent cet appel des populations vers davantage de confort et des emplois nouveaux, surtout après la Seconde Guerre mondiale. Ce mouvement a été pensé dans un objectif précis : celui des Trente Glorieuses, de la croissance, de la consommation avant tout. L'industrialisation avait besoin de bras, l'agriculture de se mécaniser et donc de faire disparaître des emplois. En 1968, le plan Mansholt (du nom de Sicco Mansholt, commissaire européen à l'agriculture en charge de ce dossier), qu'on appelle aussi le « Programme agriculture 1980 », préconise la disparition de cinq millions de petits agriculteurs sur la période 1970-1980 dans l'objectif d'agrandir les fermes, de moderniser l'outil de production et de forcer la conversion vers l'agriculture industrielle. Un plan de formation pour réorienter les paysan·nes vers le salariat et l'industrie est complété par un dispositif de retraite anticipée.

Partout en Europe, ces préconisations sont suivies. En quelques années, une métamorphose complète des campagnes se met en marche forcée. En Bretagne, par exemple, administration et grands patrons actent ensemble la fin de l'agriculture paysanne, augmentant la surface minimale des fermes et poussant autant de petits paysans vers l'usine[7] et la ville. Main dans la main, industrie et État souhaitent, favorisent, subventionnent ce mouvement. Il n'est laissé aucune place à la contestation.

En France, la fameuse « diagonale du vide » apparaît. Partant de la Meuse jusqu'aux Landes, une large bande de territoire se dessine, où la densité de population est très inférieure à la moyenne du reste de l'Hexagone. Pour prendre la mesure de ce phénomène, on peut donner un exemple : dans le département de la Creuse, essentiellement rural, les communes ont perdu en moyenne 80 % de leur population entre 1900 et 2000. Le pic de dépopulation se situe entre 1945 et 1975, période de l'exode rural massif en France. 80 % c'est énorme. On peine à imaginer à quel point

6. Il y a tant à dire sur les villes tentaculaires et la logique de prédation vis à vis des zones rurales. Il faut lire des géographes engagés qui en parlent parfaitement bien, tel que : Guillaume Faburel, *Les métropoles barbares – Démondialiser la ville, désurbaniser la terre*, Le passager clandestin, 2018.

7. Voir le documentaire : Hubert Budor, réal. *Les paysans de Citroën*, Mille et Une films, 2001, 52 min.

ces villages, vidés des trois quarts de leur habitant·es, ont été transformés.[8] Dans le même temps, on assiste à la création de villes nouvelles et de grands ensembles en périphérie des grands centres urbains où sont entassés tous ces exilés.

Les Trente Glorieuses et le schéma industriel sont loin maintenant, la crise est passée par là, mais n'a pas eu pour autant la peau du mythe urbain. Aujourd'hui, la société est largement « tertiarisée », pourtant la perspective reste la même : quitter la campagne pour trouver en ville un hypothétique emploi. En dépit du violent mur de réalité auquel se heurtent les candidat·es à la mobilité géographique : le chômage, la précarité, les inégalités d'accès à l'embauche, les contraintes de déplacements pendulaires pour n'en citer que quelques-uns, la ville continue de nourrir des espoirs et de motiver des départs.
L'INSEE considère pourtant qu'en France, l'exode rural, dans sa phase la plus caractéristique, prend fin en 1970. En effet, aujourd'hui, les équilibres s'infléchissent, les populations des villes n'augmentent plus aussi fortement et celles des campagnes retrouvent parfois un solde positif. Toutefois, les zones rurales concernées sont situées à proximité des grandes agglomérations. Il s'agit donc d'une forme d'étalement de l'aire urbaine plutôt que d'une réelle valorisation de la campagne. Les zones rurales isolées restent en marge de ce mouvement.

UN SCHÉMA TRÈS INTIME

Si l'exode rural repose à la fois sur ce mouvement sociétal de « modernisation » et d'accès à la société de consommation de masse, c'est aussi une approche bien plus intime. Comprendre la part de rêve que propose la ville est essentiel pour ne pas passer à côté de ce qui construit aujourd'hui notre relation aux territoires.

Il suffit de s'attarder un peu sur les chansons populaires qui témoignent de la grande période de l'exode rural : « Les murs de poussières » de Francis Cabrel, « Le Loir et Cher » de Michel Delpech, « La Montagne » de Jean Ferrat : « Ils quittent un à un le pays pour s'en aller gagner leur vie… » Ces ritournelles, que vous avez certainement déjà fredonnées, content sensiblement toujours la même histoire : des hommes, jeunes, qui renoncent à leur village, à une vie toute tracée dans la ferme

8. François Clanché, *Trente ans de démographie des territoires, le rôle structurant du bassin parisien et des très grandes aires urbaines*, INSEE, Département de la démographie, 2014.
Lire aussi, concernant les Pays de la Loire : Pascale Chevalier et Sébastien Seguin, *Retour sur deux siècles de recensements de la population*, INSEE, 2011.

familiale pour aller construire leur destin individuel loin de là. L'envie de réussir, la foi en l'avenir, l'espoir infini, le courage de s'opposer au cercle familial et à sa communauté et de refuser une vie modeste de labeur : une aspiration individualiste, à l'instar de la révolution en cours.

Il réside dans ce phénomène une opposition structurelle. D'un côté, la campagne, qui représente l'intergénérationnalité, l'impossibilité de l'anonymat et surtout l'appartenance à un groupe par naissance et non par choix : une communauté qui inclut fortement – au risque de nier les envies et spécificités de chaque individu. De l'autre, la ville, qui symbolise la possibilité de mobilité sociale et relationnelle, l'individu avant le collectif, l'anonymat, la liberté d'être soi-même, le groupe électif. Cet individu, qui calcule pour maximiser son intérêt propre, qui accepte de se séparer de son groupe originel, qui veut posséder, qui joue et espère gagner la compétition sociale, cet individu-là est l'acteur premier de l'exode rural, mais aussi l'outil fondamental de la société capitaliste.

L'être qui fait face à sa destinée est une histoire aussi ancienne que l'Humanité. Quelle part de nos vies choisit-on vraiment ? Pendant des siècles, le destin était relié à une volonté divine. Accepter son chemin répondait au schéma d'un parcours de vie qui nous dépassait, tant dans les opportunités que dans les drames. C'est pourquoi un sentiment incontestable de progrès et de modernité apparaît dans l'aspiration à défier le destin, sa famille et à décider par soi-même du chemin à prendre.

S'extraire de sa condition sociale, accéder à un emploi plus noble, ne plus « marcher dans la boue »[9]… Au-delà de conditions de vie matérielles meilleures, on trouve là toute une symbolique. En accédant à la norme, en ayant une vie qui réponde aux codes de son époque, on se sent appartenir au groupe légitime et ça, à l'époque, c'est une révolution pour bon nombre de paysan·nes, quelle que soit leur région d'origine. Le paysan, c'est le serf, le dominé et voilà que tout d'un coup il devient l'individu libre qui va évoluer et même réussir. Comment ne pas être tenté ?

En revanche, ce que racontent aussi les chansons populaires à ce sujet, ce sont les tensions avec la vie laissée derrière, le manque parfois, la solitude, la honte et la crainte du déclassement, du retour au point de départ. L'intégration et la réussite en ville étaient un leurre. La bourgeoisie urbaine, solidaire et structurée n'ouvre

9. Référence au refrain de la chanson de Michel Delpech « Le Loir et Cher » : « On dirait qu'ça te gêne de marcher dans la boue, on dirait qu'ça te gêne de dîner avec nous… ».

pas ses clans à ces nouveaux venus, même s'ils parviennent à acquérir un capital économique. Trouver sa place n'est pas chose facile.

Pour les femmes, la situation est bien pire. L'exil est souvent contraint par l'impossibilité de construire une famille à la campagne (manque de ressources, mauvaise réputation familiale, grossesse hors union, veuvage précoce). Elles fourniront à l'élite urbaine une source intarissable de domestiques dociles, dont témoignent encore les nombreuses chambres de bonnes des immeubles cossus, quand elles n'alimentent pas les réseaux de prostitution. Pour elles, rurale ou urbaine, l'exploitation perdure, nécessairement plus violente quand la protection de la communauté n'est plus assurée. Le départ en couple, qui sera plus courant fin des années 1970, assurera néanmoins des situations plus favorables à celles qui rejoignent les villes et leur offrira même parfois l'opportunité de s'émanciper par le travail.

Il existe en Bretagne mille petites histoires, « menteries » et devinettes qui narrent les relations complexes entre les exilé·es et leur famille, entre le fils qui est parti à la ville travailler à l'usine et son frère qui a gardé la ferme familiale. Au détour d'une veillée, j'ai capté celle-là, racontée par Alain Portal, chanteur et conteur fidèle des soirées chez Paulette, qui tient le café près de l'église à Pipriac, où nous nous retrouvons chaque mois pour faire vivre le patrimoine oral du Pays Gallo.

« C'est l'histoire de deux frères. Le plus jeune s'occupe de la ferme des parents, l'autre, l'aîné, est devenu contremaître chez Citroën. La chaîne de montage à proximité de Rennes a capté un grand nombre des actifs de notre territoire. À la grande époque, plusieurs bus venaient chaque jour les chercher et les déposer au rythme des trois-huit. À l'occasion d'une semaine de congé, l'aîné propose à son jeune frère de venir l'aider "puisqu'on est vite à s'ennuyer en vacances, on n'a pas été élevé comme ça". Il lui demande de lui confier n'importe quelle tâche : "On n'est pas feignant à la chaîne, on sait tenir le rythme." Le jeune paysan lui propose d'étaler le fumier, un énorme tas dans la remorque l'attend et il faut préparer un champ pour les semis à venir. Vu l'ampleur de la tâche, il lui propose une collation et tous deux prévoient de se retrouver le soir pour souper. En rentrant le soir, le jeune trouve l'aîné déjà à la maison, il a même eu le temps de préparer le dîner. Surpris qu'il ait réussi à tout faire en si peu de temps, il demande à vérifier. Et effectivement, son frère a parfaitement réparti le fumier, la remorque vide est nettoyée, rien à redire. "Tu vois, lui dit l'aîné, je ne perds pas la main, on n'est pas des feignants, hein, chez Citroën ? Demain, il faudra me trouver autre chose à faire !" Le lendemain, le jeune frère lui confie une autre tâche : "Les patates, on les a récoltées, mais elles sont pas triées et faudrait pas qu'elles s'abîment. Alors voilà, tire-toi un tabouret là, installe-toi et trie-moi ça en trois tas : derrière les moches et les pourries, pour les donner aux animaux,

à droite les petites, pour faire de la semence, à gauche les grosses, pour qu'on les mange." Ils se donnent rendez-vous à nouveau le soir. À dix-neuf heures, le jeune frère rentre et ne trouve personne à la maison. Il prépare le repas et toujours personne. Le temps passe et la nuit tombe, son frère ne rentre toujours pas. Inquiet, il se rend auprès de lui et le trouve là où il l'avait quitté le matin même. Devant lui, le gros tas de patate n'a presque pas bougé. Le jeune frère s'approche discrètement et écoute l'aîné parler tout seul, à voix basse : "Petite ou grosse ? Bon, moyenne plutôt, mais y'a pas de tas pour les moyennes… alors plutôt petite quand même… m'enfin, on en ferait bien un potage…" Incrédule, le jeune frère le bouscule : "Ah bah voilà ! Les contremaîtres, tous pareils, hein ! Pour remuer la merde, ça, y'a du monde, mais pour prendre une décision, y'a plus personne !"

Quand j'ai commencé à questionner les personnes âgées de mon village à propos de cette période, les anecdotes ont tout de suite refait surface. Autour d'un verre, on moque celui qui est devenu contremaître, la hiérarchie et le rythme de vie imposé par les trois-huit, le manque de lien à la terre. Rapidement, sont apparus dans nos échanges des sentiments plus profonds. Le sentiment d'inégalité et l'impossible accès au progrès social pour ceux qui sont restés : vacances, loisirs, etc. Le déchirement est encore vif, autant pour celles et ceux qui avaient fait le choix de partir que pour les autres qui avaient préféré rester et se sont sentis marginalisés. L'exode rural est parti d'un grand élan, mais ne s'est pas fait sans souffrance. Dans les territoires, les plaies de cette saignée démographique restent vives.

Aujourd'hui, le rapport à l'exode rural n'est plus tout à fait semblable. Les parcours scolaires ont un rôle essentiel dans cette évolution. Dans les années 1980, seulement 34 % d'une classe d'âge accédait au baccalauréat contre 65 % aujourd'hui, et l'objectif fixé par l'État est de 80 % d'ici 2030[10]. La poursuite des études supérieures implique le plus souvent d'accepter la mobilité géographique. Les familles sont beaucoup plus favorables à ce départ qu'elles ne l'étaient il y a trente ans : elles encouragent les jeunes. Le résultat, c'est qu'à vingt ans, en France, seulement 21 % des filles et 25 % des garçons vivent à la campagne. L'exode est donc devenu mécanique pour celles et ceux qui disposent d'un capital scolaire. Le rapport au choix de vie que peut représenter la ville est devenu très différent d'avant. Un certain nombre d'entre eux·elles d'ailleurs reviendront dès la fin de leurs études supérieures.

10. Selon l'avis du Conseil économique social et environnemental (CESE) : *Place des jeunes dans les territoires ruraux*, rapport présenté par Danielle Even et Bertrand Coly, 11 janvier 2017.

PRÉMICES DE NÉORURALITÉ

Si l'exode rural a été massif et s'est inscrit profondément dans nos territoires, il n'a pas été homogène. Par endroits, des alternatives au modèle dominant ont vu le jour. Dans un grand nombre de territoires, une résistance active s'est opposée à l'exode rural à marche forcée. Des mouvements sociaux ont tenté tour à tour d'empêcher le remembrement des parcelles de terre, la disparition des petites fermes, puis la fermeture des services de proximité, ainsi que les délocalisations et restructurations du tissu industriel qui subsiste. À la fin des années 1970, un slogan de la CFDT annonce la couleur : « Nous voulons vivre et travailler au pays. »[11]

Parallèlement, un mouvement néorural se constitue dans la lignée de Mai 68. Écologistes, féministes, antimilitaristes et surtout anticonsuméristes s'organisent en communautés et imaginent une manière de vivre autrement la campagne. À l'époque, c'est une prise de position radicale. On est dans les Trente Glorieuses, la société de consommation triomphante impose son rythme et ses codes. Celles et ceux qui ne se reconnaissent pas dans ses valeurs et son matérialisme sont marginalisé·es.

Quand j'évoque la néoruralité, on me répond souvent avec mépris : « On ne va pas tous aller élever des chèvres dans le Larzac. » Pourtant, je ne cache pas mon admiration pour ces pionniers et les luttes qu'ils ont menées. Dans le Larzac, il ne s'agissait pas seulement d'élever des chèvres (d'ailleurs le plus souvent ce sont des brebis), mais aussi et surtout de s'opposer à l'extension d'un camp militaire. Il faut aussi prendre la mesure du nombre de projets agricoles, culturels ou artisanaux qui ont vu le jour grâce à ce mouvement, la plupart du temps sous forme de coopératives, qui existent encore aujourd'hui : Moulin Roty[12] et ses jouets, la coopérative lainière Ardelaine et tant de fermes et de vignobles. Ces néoruraux ont défriché le terrain et ouvert la voie. Ils ont prouvé qu'une alternative était possible. Nous devons nous saisir de cet héritage culturel, de ces valeurs et les faire vivre à notre tour, à notre manière.

---

11. Plus récemment, le mouvement des Gilets jaunes a marqué cette volonté de reconsidération pour la ruralité, le besoin d'une égalité de regard et de traitement.

12. Lire leur histoire en bande dessinée : Hervé Tanquerelle et Yann Benoît, *La Communauté* [Entretiens], Futuropolis, 2010.

IMAGINER SA VOIE, LE CHEMIN DE L'EXODE URBAIN

« L'utopie ça réduit à la cuisson, c'est pourquoi il en faut énormément au départ. »[13]

Gébé, *L'An 01*

Que l'idée d'un exode urbain mûrisse en vous depuis longtemps ou que l'électrochoc du confinement et de la crise sans précédent que nous vivons aujourd'hui vous ait amené à revoir vos perspectives d'avenir, il ne suffit pas d'avoir envie de partir. Décider de quitter la ville est une première étape, choisir une destination et y construire un projet de vie en sont d'autres.

Parce que l'exode urbain n'est pas un choix facile, il est nécessaire de passer par certaines étapes pour pouvoir le vivre pleinement. Tout d'abord, à la croisée de notre éducation, de nos rencontres, de la construction de notre personnalité et de notre esprit critique, il y a le temps, progressif et mouvant, de l'édification de nos principes directeurs – ou valeurs – pouvant conduire à la déconstruction nécessaire du mythe de l'exode rural. Ensuite, vient le temps de la prise de conscience, du bilan : une phase consciente, personnelle, voire introspective, active, très stimulante et parfois angoissante. Et enfin, le grand saut. Voici quelques exemples et anecdotes relatifs à mon parcours pour illustrer ce cheminement.

« Avec Adrien, nous avons tous les deux grandi dans des petits villages que nous avons quittés dès que possible pour partir étudier en ville, à Lille précisément. À dix-sept ans, l'appétence pour la ville repose essentiellement sur la question du mode de vie : le cinéma, les magasins, les concerts, la fête, mais aussi et peut-être surtout un nouveau réseau d'ami·es, réellement choisis. Car dans nos petits villages, les chemins de vie se font en dehors d'un cadre de choix. J'ai suivi certains camarades de classe de la maternelle à la terminale. Ils connaissaient tout de mes erreurs, de mes hésitations et il était difficile d'échapper à leur jugement. J'ai le souvenir des colonies de vacances qui représentaient une fenêtre sur cette liberté supposée. Pour une fois, être juste moi, sans porter l'image véhiculée par le groupe : mon strabisme opéré tardivement, les chutes à répétition et ma réputation de fille maladroite. Ces moments privilégiés me permettaient de m'extraire du harcèlement scolaire et m'autorisaient à évoluer. J'ai beaucoup reproché à mes parents, à l'époque, le fait de vivre à la campagne, ce huis clos humain. Le moindre accès à la culture et à la consommation me frustrait. Nous avons tous, à différentes étapes de notre vie, un rapport différent à notre famille, à notre territoire, à notre communauté. Pour moi, comme pour tant d'autres, le rapport à la campagne n'a pas été linéaire.

---

13. Bande dessinée publiée dans Charlie Hebdo sous forme de série, de 1971 à 1974.

Sur ce chemin parfois chaotique, à chaque étape, à chaque décision importante, il a été question de rencontres. Si nous acceptons autant que possible de recevoir des porteur·ses de projets, des gens qui se posent des questions, c'est en quelque sorte pour rendre la pareille. Il en va de même pour cet ouvrage qui permettra sûrement d'ouvrir des consciences, de faire naître des rêves ou d'aider celles et ceux qui s'interrogent déjà à réaliser leur projet.

J'ai développé assez jeune une "conscience politique" et une sensibilité à la protection de la nature. Vers dix ans, j'ai rejoint le club CPN (Connaître et Protéger la Nature) de Saint-Laurent-de-Brèvedent : la Sittelle. François Lenormand, animateur et guide naturaliste, nous y transmettait chaque semaine des bases de botanique, d'entomologie, d'ornithologie, d'agronomie. Nous passions nos mercredis après-midi en forêt ou à creuser des mares, à ramasser les déchets de zones protégées ou encore à planter des haies. À l'époque, l'écologie avait une place infime dans le débat public et dans la Normandie industrielle où je vivais. Je ne saisissais pas encore la portée politique que la protection de l'environnement pouvait impliquer.

Mes parents, syndicalistes et très à gauche, défendaient l'être plutôt que l'avoir. Mon père, qui est un génie bricoleur, essayait toujours de répondre à un besoin en créant de ses mains avant d'avoir recours à la consommation. Clairement, l'attachement aux objets et aux signes extérieurs de richesse était totalement absent à la maison. Pourtant, à l'adolescence, être exclue de la consommation de masse me dépitait. Les promesses de la ville me parlaient, je voulais appartenir au groupe urbain.

En accédant à l'université, une porte inattendue s'est ouverte : celle du militantisme. Dans sa section syndicale, mon père connaissait un homme adorable : Serge Buquet. Il s'occupait de la bibliothèque du comité d'entreprise de l'usine. Grâce à lui, j'ai rapidement délaissé les bandes dessinées et romans d'ados pour quelques classiques. Au lycée, Serge m'a ensuite guidée vers une littérature plus conscientisée, puis vers la philosophie. Quand j'ai intégré une section préparatoire au concours de Sciences Po à l'université, je suis souvent revenue vers lui. J'aimais son style de militant affirmé mais serein, ses exemplaires du journal Le Blochévik *bien en évidence sur son bureau et ses propos pourtant toujours mesurés. Cet homme m'a donné des clés pour comprendre et appréhender le monde, pour me situer. Par la philosophie, la littérature et quelques textes fondateurs, il m'a soufflé l'idée que mon parcours scolaire pourrait être l'opportunité de répondre à un grand nombre des questions que je me posais, mais m'a aussi mis en garde sur ce que signifiait, dans ces espaces, porter un regard critique et libre sur les savoirs. Je le revois souffler quand je lui disais que* Le Capital *de Marx était au programme du concours : "Ils feraient mieux de vous faire lire* Le Manifeste du parti communiste *!"*

Si l'économie m'a amenée à de nombreuses réflexions, c'est sans conteste la sociologie politique qui a eu un rôle clé dans mon engagement. Nous avions, dans cette discipline, de merveilleux enseignants qui prenaient sous leur aile les jeunes un peu hors cadre auxquels j'appartenais. C'est dans ce contexte qu'est arrivée à mon esprit l'écologie politique. Je repense ici particulièrement à Rémi Lefebvre et ses conférences de méthode, ainsi qu'à Pierre Mathiot, directeur de l'IEP, et les remercie pour leur bienveillance et leur exigence à la fois. Grâce à eux, et parfois dans la douleur, j'ai intégré les codes, compris comment évoluer dans l'univers plutôt hostile des grandes écoles. J'ai appris à me forger une conviction, à accepter la critique, le débat, à arbitrer et à défendre mes idées. Mais aussi et surtout, j'ai découvert Ivan Illitch, Jacques Ellul, Bernard Charbonneau, Murray Bookchin et tous·tes les autres penseur·ses de ce qu'on appelait alors la décroissance, l'écologie politique. C'est à cette période que j'ai pris conscience qu'il y avait un lien indéfectible entre la protection de l'environnement et la nécessité de construire une alternative à la société de consommation, de refaire communauté, de nommer le bien commun et de le préserver.

C'est sur ce chemin de valeurs que j'ai fait le choix de l'exode urbain, avec un engagement sincère. Cela m'a donné une force inouïe et une capacité à dépasser mes limites. Il ne s'agissait pas uniquement de modifier mon quotidien, mais d'apporter ma pierre à un modèle désirable et durable de société.

Finalement, voilà ce que la ville m'a offert de plus précieux, l'acquisition d'un regard critique, me permettant de prendre conscience de ses fausses promesses, et d'outils pour imaginer un futur possible.

Après des années d'adolescence passées à me plaindre de vivre dans un petit village, à espérer autre chose, après avoir réussi à convaincre mes parents de me laisser partir – sachant la charge financière que représentaient pour eux mes études loin de la maison –, j'ai vu moi aussi ce que revenir sur ses pas, ses dires, ses ambitions signifiait. Inutile de préciser que lorsque ma famille est venue visiter notre ferme pour la première fois, il y a eu un petit flottement. Comment l'enfant, et plus encore l'ado, que j'avais été, avait pu poser ses valises à Sixt-sur-Aff avec enthousiasme ? Dans ce petit hameau, au milieu des champs, dans un village de deux mille habitant·es, à 50 kilomètres de la grande ville la plus proche !

Cet ouvrage est sans doute un condensé de ce qui a permis cette décision salutaire. De la prise de conscience à l'acceptation, et finalement à l'envie de transmettre à tous cette intime conviction : l'avenir est à la campagne. »

2

REGARDER LA VILLE EN FACE

LA VULNÉRABILITÉ DES VILLES

LA VILLE FACE À LA CRISE

Mars 2020, suite à l'arrivée de la pandémie de Covid-19 en France, l'État décide de placer le pays en quarantaine. À l'annonce du confinement, des centaines de milliers de personnes quittent les centres urbains pour se confiner à la campagne. Les médias parlent volontiers « d'exode urbain » devant ces files de voitures ou ces trains bondés – situation absurde, au passage, quant au risque majeur de propagation du virus – qui emportent dans la périphérie celles et ceux qui ne peuvent envisager un enfermement en ville.

Ce départ massif révèle les terribles inégalités de mode de vie en zone urbaine. Les plus aisés, qui ont la possibilité de télétravailler, qui possèdent une résidence secondaire ou ont de la famille à la campagne font le choix du confort et de la sécurité. Les autres, qui ne peuvent arrêter de travailler ou n'ont pas les moyens matériels de partir, sont assignés à résidence dans des conditions souvent très difficiles. Pour tout le monde, cette période met en évidence la vulnérabilité de la ville face à ce genre d'évènements extraordinaires. Une fragilité sur plusieurs axes déterminants : absence d'autonomie alimentaire, promiscuité, services de santé submergés (car inadaptés à la densité démographique), fragilisation accrue des populations exclues, etc.

J'ai espoir que cet électrochoc réveille les consciences et alerte quant à la réflexion à mener sur la relation aux territoires. Un grand nombre de personnes qui ont fui retrouveront sûrement le chemin de leur « vie d'avant » – si tant est qu'elle existe encore. Je veux néanmoins croire que pour d'autres, l'envie de vivre à la campagne sera plus prégnante et activera un virage définitif.

PRENDRE LA MESURE DES DÉFIS

A minima, cette situation nous impose de regarder la ville en face, de comprendre combien elle engendre un quotidien structurellement orienté vers la consommation, en toutes choses. À observer les villes comme des objets statistiques, à penser trop souvent l'urbanisme en termes techniques et dans une perspective économique, on en oublie l'essentiel. Au milieu du béton, la vie des femmes et des hommes qui vivent là est impactée. Le constat est simple et largement partagé : rétributions financières et matérielles ne peuvent suffire au bien-être. Tout sacrifier au travail, en échange d'un salaire qui permet tout juste de vivre dignement, est loin d'être une perspective gratifiante et réjouissante. Il n'est pas possible de mener une vie sereine en étant entassés les un·es sur les autres, sans respect pour nos rythmes biologiques, sans temps à consacrer à la réflexion, au repos, à ceux que l'on aime. La société consumériste est une fausse promesse de bonheur.

Les initiatives, pour remettre l'humain au cœur de la ville, pour tenter d'améliorer la qualité de vie (façades végétalisées, création d'espaces verts, maintien d'une certaine mixité sociale, accès facilité à une alimentation bio à moindre coût, etc.) sont louables, mais clairement insuffisantes pour répondre à l'ampleur du problème. Le défi du changement climatique et ses effets en cascade nous imposent une révolution, une modification profonde de nos habitudes. En ce qui concerne la plupart des grandes métropoles, c'est trop tard, elles n'ont pas la capacité d'adaptation nécessaire. Pour construire un monde résilient, il nous faut réinventer notre manière de concevoir l'espace et revenir à une échelle sur laquelle il est possible d'agir.

Afin d'être en mesure de lutter contre un problème, il faut le comprendre, en saisir un maximum de variables. Quels sont les mouvements de fond qui secouent la ville aujourd'hui ? Comment les contraintes de vie urbaine, qui reposent sur deux grands axes : matériel et immatériel, modèlent-elles nos vies ?

Les villes ont été profondément modifiées par les arrivées massives de population dues à l'exode rural et cela s'est rarement fait en faveur des plus fraîchement débarqué·es. L'extrême concentration de population en un même endroit est très complexe à gérer. Si les bidonvilles de paysan·es ont disparu en Europe, ils sont le lot de la majorité des exilé·es des pays du Sud. Nos villes connaissent d'autres problématiques : la ghettoïsation des périphéries (quartiers à l'abandon), la gentrification des centres urbains, l'augmentation du coût de la vie, l'isolement, les nouvelles « pathologies de société », ainsi que tout un lot de conséquences.

La ville de l'exode rural a montré ses limites. Les grands ensembles qui faisaient rêver les arrivant·es sont devenus le cauchemar des urbanistes, comme celui de celles et ceux qui habitent aujourd'hui ces espaces ghettoïsés. Moins il y a de richesse à répartir, moins il y a d'emplois à distribuer, plus la ville devient un espace de concurrence entre les individus. Les tensions sont palpables. Si la ville reste un espace favorable à un petit cercle bourgeois, comme cela a toujours été le cas, pour les autres, c'est essentiellement un espace de concentration des problèmes.
Contrairement aux États-Unis, où les centres-villes ont été abandonnés aux plus pauvres au profit de *suburbs* chics, uniformément dédiées à la voiture, les classes françaises privilégiées conservent une réelle attraction pour le centre. Les banlieues, elles, ont accueilli les nouveaux arrivants dans de grands ensembles, puis des familles en recherche de plus d'espace et de confort, qui quittent le cœur de la ville à regret pour s'installer en zone pavillonnaire. Sur ce schéma-là, les agglomérations ne cessent de s'étendre, tandis que la zone attractive reste très concentrée. Ainsi, les centres commerciaux et nœuds autoroutiers de la périphérie urbaine lui ont valu le qualificatif de « France moche »[14]. Partir en banlieue est un renoncement au mode vie de centre urbain. Ce n'est pas une projection séduisante comparativement au départ pour la campagne.

Il existe des initiatives louables pour donner une autre place à cette périphérie, lui reconnaître par exemple un potentiel d'espace innovant et dynamique. Les élu·es tentent de se saisir de ces problématiques. On trouve aussi de nombreuses initiatives citoyennes, des projets qui visent à redonner aux habitant·es la fierté d'y vivre, la possibilité de construire un récit commun positif. C'est l'exemple d'« Hôtel du Nord »[15] à Marseille, un réseau d'hébergement comptant une quarantaine de chambres et gîtes dans les quartiers nord, mais surtout composé d'hôtes attentionnés et prêts à partager autour de l'histoire de leur quartier sous forme de balades guidées.

Les périphéries des grandes métropoles sont également investies par de nombreux artistes qui contribuent à changer notre représentation de certains quartiers. À Saint-Denis (93), le 6B a participé, en une dizaine d'années, à faire revivre toute une zone de friche et d'anciens bâtiments délabrés. Autour de ce centre artistique et de création, qui réunit sur 7 000 mètres carrés de nombreuses organisations liées à la culture alternative, un nouveau quartier sort de terre.

---

14. Xavier de Jarcy et Vincent Rémy, « Comment la France est devenue moche », *Télérama*, 12 février 2010.
15. hoteldunord.coop/

En revanche, inéluctablement, cette dynamique conduit à la « gentrification ». Ce terme, inventé par le sociologue anglais Ruth Glass, vient de *gentry*, qui signifie « petite bourgeoisie ». Un ancien quartier populaire, qui devient à la mode, va mécaniquement exclure ses habitant·es historiques. Attirés par des faibles loyers et la possibilité d'installer facilement de nouvelles activités : bars, ateliers d'artistes, concept stores, etc., de jeunes créatifs revalorisent des zones qui étaient délaissées. Plus le quartier devient couru, plus les loyers augmentent, empêchant celles et ceux qui vivaient là de rester. Répondre à ses besoins de base – se loger, se nourrir – devient trop coûteux. À nouveau, la ville se transforme en espace de concurrence, et même si la réhabilitation d'un quartier peut sembler une bonne chose, elle engendre de l'exclusion.

© Marcela Barrios

Le 6B lors d'un évènement en 2019.

Chacun·e peut faire le constat de sa vie en ville à la lumière de sa propre expérience. C'est d'ailleurs un processus essentiel quand on amorce un nouveau projet de vie. Il est primordial de mesurer l'impact des conditions de vie urbaines sur son quotidien avant de s'interroger sur les bienfaits d'un départ à la campagne. L'introspection imposée à de nombreuses personnes par le confinement a permis de faire surgir ce type de questionnements. L'énergie et le temps consacrés à ce bilan ne sont pas perdus.

LES CONDITIONS MATÉRIELLES DE LA VIE URBAINE

Les conditions matérielles de vie en ville n'ont de cesse de se dégrader en suivant le mouvement double de concentration et d'étalement urbain. Ces enjeux : se loger, se nourrir et travailler sont déterminants dans la prise de décision de partir pour une vie nouvelle.

LE LOGEMENT, UN FACTEUR CLÉ

« Garantir le droit au logement constitue un devoir de solidarité pour l'ensemble de la nation [...]. »[16]

Le logement avant toute chose. En 2020, acheter un logement en ville coûte environ 3 000 euros du mètre carré à Strasbourg, 5 000 euros à Lyon et jusqu'à 10 000 euros à Paris[17]. À ces tarifs-là, la ville est très exclusive. En comparaison, un bien rénové dans notre commune de Sixt-sur-Aff se vend 1 300 euros du mètre carré. À Paris, la location n'est pas plus abordable que l'achat : le loyer moyen constaté pour un studio d'une surface habitable de 21 mètres carrés[18] s'élève à 855 euros. Pour pouvoir y prétendre, il est exigé que le revenu mensuel du preneur soit trois fois supérieur au montant du loyer – ce qui équivaut ici à 2 565 euros : le double du SMIC[19]. Le locataire doit de surcroît présenter de solides garanties.

Si les autres métropoles françaises n'en sont pas encore là, elles en prennent le chemin. Ces cinq dernières années, Bordeaux, Nantes et Rennes ont vu grimper le montant de leurs loyers. Des villes réputées « agréables à vivre », mais qui commencent à subir les conséquences de la densification et appréhendent les limites de leur attractivité. Les salaires ne suivant pas la courbe des loyers, il devient difficile pour de plus en plus d'étudiant·es, jeunes actifs et familles de trouver un endroit où poser ses valises. Pourtant, installer sa vie, c'est avant tout se loger.

Quel pouvoir d'achat avons-nous encore quand le simple fait de se loger absorbe une part à ce point conséquente de nos revenus mensuels ? Si pour prétendre à une

---

16. Loi du 31 mai 1990 visant à la mise en œuvre du droit au logement, article 1.

17. Baromètre des prix au mètre carré sur seloger.com : Votre projet immobilier -> Je me prépare -> Prix du mètre carré.

18. D'après l'Observatoire des Loyers de l'Agglomération Parisienne (observatoire-des-loyers.fr), ainsi qu'une étude du site LocService.fr sur les tendances locatives datant de 2018.

19. En 2020, le SMIC s'élève à 1219 euros net par mois.

vie convenable, chaque foyer doit gagner au minimum trois fois le salaire médian[20], la ville ne peut pas être considérée comme un espace de justice sociale. Elle impacte parfois des choix essentiels, tel que le fait de faire un deuxième enfant quand on vit dans un deux-pièces, alors même que l'on a une position sociale enviable et des revenus plus que convenables. La situation n'est satisfaisante pour personne ou presque et il ne suffira pas d'augmenter la part des logements sociaux pour retrouver un juste équilibre. Quand les gagnant·es théoriques d'un système se retrouvent en difficulté, on peut dire qu'il est dans une impasse.

CAMPING À LA FAC

À Bordeaux, l'arrivée du TGV a engendré une explosion du prix de l'immobilier et un déséquilibre entre l'offre et la demande. Le nombre de biens disponibles n'est plus suffisant pour loger les nouveaux arrivants. Ces difficiles conditions d'accès au logement génèrent des situations aberrantes : certain·es étudiant·es ne réussissant pas à se trouver un toit en sont venu·es à planter leur tente sur le campus[21].

« VIVRE ET TRAVAILLER AU PAYS »

Dans les années 1970, les syndicats défendaient le maillage industriel des territoires. Il s'agissait de limiter la concentration des sites de production qui imposait aux ouvrier·es la mobilité géographique. En d'autres mots, on demandait au travail de rester à proximité du logement. Aujourd'hui, c'est tout l'inverse. L'activité est devenue tellement concentrée dans les zones urbaines et leurs périphéries qu'il est peu fréquent de pouvoir vivre à proximité immédiate de son lieu de travail. Les longs trajets entre domicile et travail concernent la majorité des Français·es. Le processus d'étalement urbain continuel ne fait qu'empirer la situation. Une amélioration des transports en commun ne résoudra pas le problème. Si les trajets peuvent certes être optimisés, la distance à parcourir n'est pas compressible.

---

20. D'après les dernières données statistiques disponibles, datant de 2016, le salaire médian des français s'élève à 1789 euros net par mois.

21. rue89bordeaux.com/2018/09/etudiants-sans-logement-campent-campus-bordeaux/

La question du logement va au-delà du confort matériel. Le manque d'espace peut avoir des conséquences sur notre bien-être (inconfort, manque d'intimité, fatigue), nos relations sociales (impossibilité d'inviter des amis chez soi) ou encore impacter nos choix de vie (pouvoir élever un enfant, mettre en pratique ses principes écolo). On touche alors à ce que l'on appelle la « qualité de vie ».

L'ALIMENTATION ET LA QUALITÉ DE VIE

Au besoin fondamental de se loger, s'ajoute celui de se nourrir. À ceux ou celles qui pensent que l'exode urbain est une lubie de bobo, je réponds d'expérience qu'il fait mieux vivre modestement à la campagne.

Notre alimentation est à la fois essentielle au bon fonctionnement de notre organisme et déterminante pour notre santé et notre bien-être mental (l'estomac est paraît-il notre deuxième cerveau). Bien manger, c'est avoir une alimentation diversifiée, saine, non polluée, à base de produits de qualité, biologique et de préférence locale, ce qui aujourd'hui, en ville, est clairement un luxe.

« Adrien et moi avons fait le choix de la décroissance volontaire. Dans les débuts un peu chaotiques du projet, cette "décroissance" a un peu dépassé nos projections. Nous avons vécu pendant deux ans avec seulement 450 euros par mois pour deux, ce qui, une fois les frais fixes mensuels retranchés, ne nous laissait aucune marge de manœuvre. Pourtant, en étant freegan – en récupérant les denrées destinées à être jetées dans les supermarchés du coin – en complétant nos trouvailles grâce à notre petite production (œufs, poulets et oies, légumes, fruits, jus de pomme ou cidre) et en nous appuyant sur l'entraide paysanne (services rendus contre du pain ou des légumes), nous n'avons jamais manqué de rien. Aujourd'hui, notre situation s'est stabilisée, la récup', c'est fini. Constater qu'il existe un tel gaspillage commençait à nous peser sur le moral, mais surtout, étant paysan·nes bio, il nous paraissait indispensable que notre alimentation soit en cohérence avec nos principes. Cultiver toute la journée en agriculture biologique et ne pas pouvoir manger bio le soir nous semblait totalement fou. Pour cela, nous avons bénéficié des réseaux et ressources de notre territoire : groupements d'achats pour le sec (graines, sucre, huile, etc.), marché hebdomadaire pour le frais (fromage, légumes, pain, fruits) et paysan·nes du coin en vente directe pour le reste (farine, colis de viande). Nous avons tout sous la main ! Nous sacrifions sans doute d'autres plaisirs à la qualité de notre alimentation, mais aujourd'hui, il n'y a plus débat. Il est néanmoins évident qu'avec nos revenus actuels, soit l'équivalent d'un SMIC pour trois personnes, il serait bien plus compliqué de manger bio en ville. »

Au-delà du coût élevé des produits de qualité, l'alimentation en ville soulève d'autres questions. De combien de temps et de quel espace disposons-nous pour bien manger ? Les horaires de travail sont souvent denses et les kitchenettes bien peu adaptées pour vraiment cuisiner. Il est plus aisé en ville de manger sur le pouce, de commander un plat à emporter – fast-foods et applis de restauration livrée ne manquent pas – ou d'aller au restaurant. Le risque ? Avoir des apports nutritionnels et un rythme alimentaire déséquilibrés qui ne répondent pas aux besoins de notre corps.

Il est important, pour mieux vous projeter, de faire le point sur ce que vous ne voulez plus (restauration rapide ; cantines d'entreprise ; file d'attente au supermarché, produits transformés, décongelés, dénaturés et coûteux ; profusions d'emballages polluants ; robots high-tech sous-utilisés, etc.) et de penser à ce qui vous fait le plus envie (flâner et choisir de bons et beaux produits au marché le samedi matin, profiter d'un panier bio chaque semaine à tarif raisonnable ; déguster les légumes, fruits et aromatiques du potager ; passer du temps à préparer de bons petits plats, etc.)

Vous comprendrez rapidement qu'il n'est pas nécessaire de posséder tout un attirail électroménager pour bien cuisiner. Il suffit de vous munir de bons couteaux, d'un économe efficace, d'une cocotte en fonte pour les cuissons lentes, et de bocaux pour la conservation des récoltes du jardin. Finalement, à la campagne, on parvient avec très peu de budget à élaborer une cuisine savoureuse, diversifiée, originale et essentiellement végétale.

L'EMPLOI, LEVER LES BLOCAGES

Quel que soit notre niveau de qualification, nos aspirations, nos compétences ou notre secteur d'activité, l'incertitude est aujourd'hui prédominante. Il y a dix ans, le collectif associatif Génération précaire, créé en 2005, dénonçait l'explosion du nombre de stagiaires dans les entreprises et la précarité imposée aux jeunes entrant·es sur le marché du travail, ce dernier étant toujours plus concurrentiel. L'emploi à vie que nos parents ont connu, c'est-à-dire une carrière complète auprès d'un seul employeur, est devenu un mirage. Seulement 17 % des 18-35 ans disent faire confiance au système de retraite par répartition[22]. Carrières hachées, *burn out* ou *bore out*[23], période d'employabilité réelle de courte de durée (entre l'âge de 30 et 40 ans, voire encore moins pour les femmes), hausse des cadences, *bullshit*

22. Sondage Opinionway pour Agirc-Arrco, octobre 2017.

23. Syndrome d'épuisement professionnel par l'ennui.

jobs, management médiocre et évolutions de salaire inexistantes[24] : que reste-t-il du mythe de la ville pourvoyeuse d'emplois ?

Les médias parlent d'« ubérisation[25] ». Dans leur ouvrage *Les nouveaux travailleurs des applis*, Sarah Abdelnour et Dominique Méda, sociologues et philosophes, analysent les conséquences de notre manière de consommer sur l'évolution de nos rapports au travail. Bien souvent, ce qui est présenté comme un progrès, une liberté supplémentaire, relève en réalité davantage de l'autoexploitation. Robotisation, place de l'intelligence artificielle, les projections ne permettent pas de s'accrocher à une hypothétique évolution positive dans les années à venir.

Où en êtes-vous à titre individuel ? Quelle place prend le travail dans votre vie en termes de temps, de stress, de charge mentale ? Vous sentez-vous valorisé·e, bien traité·e ou simplement utile ? Avez-vous des perspectives d'évolution ou êtes-vous inquiet·e quant à votre avenir professionnel ?

Si le logement est le moteur premier d'un départ en zone rurale, l'emploi est incontestablement le plus gros frein. Pourtant, à la manière d'un bilan professionnel, se préparer à partir ouvre le champ des « possibles ». Voilà l'opportunité de faire le tri entre les missions qui vous tiennent à cœur, les compétences que vous souhaitez valoriser et ce qu'il est temps de laisser derrière vous. Il vous faut analyser l'état d'esprit dans lequel vous vous trouvez vis-à-vis de votre poste actuel et de votre employeur, déterminer le salaire minimum que vous pourriez accepter, estimer le temps que vous souhaitez réellement consacrer à votre travail. Si vous avez peur de ne pas y parvenir seul, des structures peuvent vous accompagner[26].

L'ENJEU DES DÉPLACEMENTS

Souvent pointée du doigt, la dépendance des habitant·es des zones rurales à la voiture, pour effectuer des déplacements relativement longs, est à comparer avec le temps consacré aux déplacements quotidiens en ville. L'étalement urbain ne cesse

24. Lire ce formidable ouvrage sur la dégradation des conditions de travail et leur impact sur notre vie et notre santé : Marie Pezé, *Ils ne mouraient pas tous mais tous étaient frappés*, Flammarion, 2010, coll. Champs actuels.

25. Uber est une entreprise américaine qui propose un service de transport *via* une application. Elle permet aux utilisateurs d'entrer directement en contact avec des conducteurs particuliers. Ces indépendants payés à la course sont totalement dépendants de l'application. Ce concept fait l'objet de nombreuses polémiques. Son extension à d'autres secteurs, comme la restauration livrée, est nommé « uberisation ».

26. La start-up Switch Collective, par exemple, qui estime que le travail tel qu'on le connaît est à bout de souffle, propose de faire le bilan et de « switcher », d'inventer son propre parcours, sans pour autant tout abandonner (switchcollective.com).

d'accentuer le phénomène. En France, la voiture individuelle reste le moyen de déplacement le plus usité pour se rendre sur son lieu de travail (sept salarié·es sur dix)[27]. Si les temps de parcours sont en moyenne semblables : 30 minutes en ville contre 28 minutes pour les personnes qui habitent en zone rurale, cela peut être plus important en fonction des métropoles. Ainsi, en Île-de-France, il faut compter en moyenne 44 minutes pour se rendre sur son lieu de travail en voiture et 50 minutes en transports en commun.

Voilà sans doute le point le plus simple et le plus mathématique à aborder quand on envisage l'exode urbain. Quel temps consacrez-vous chaque jour aux allers-retours sur votre lieu de travail, aux déplacements professionnels éventuels, etc. Que pensez-vous de la qualité de votre ou vos mode(s) de transport (confort, fréquence, saturation éventuelle du réseau) ? À quel point vivez-vous ces trajets comme une contrainte ? Passer 45 minutes dans un bus ou un métro bondé n'engendre pas la même fatigue qu'à vélo, sur une voie aménagée.

Vivre à la campagne implique certes de se déplacer fréquemment et essentiellement en voiture. Néanmoins, les trajets quotidiens, pour se rendre sur son lieu de travail, à ses activités ou à l'école, dépassant rarement une dizaine de kilomètres, il est tout à fait possible de trouver des alternatives (voir p. 80). Quoi qu'il en soit, il est important de mettre cela en perspective avec les contraintes urbaines de déplacement parfois sous-estimées.

LES NUISANCES, LA VILLE ET LA SANTÉ

La ville est un espace de conflits. Un trop grand nombre de personnes interagissent sur un espace restreint, ce qui implique nécessairement des rivalités. Sans dialogue, avec un nombre élevé d'acteurs·trices très différents les un·es des autres, c'est vite la cacophonie. Les bousculades, petites agressions ou altercations, le harcèlement de rue et les « râleries » se cumulent et occasionnent du stress. Ces mauvaises interactions poussent à s'isoler. Les yeux au sol, un casque sur les oreilles, on construit sa bulle et finalement on se coupe du monde. Quand on n'a plus l'occasion d'échanger, de sourire, de se rencontrer, on se retrouve seul·e au milieu de la foule, il n'y a plus d'intérêt à vivre entouré·e. Face à ces trop nombreuses sollicitations, les humains développent des pathologies liées au stress à l'instar des animaux élevés en espaces confinés.

---

27. *Les déplacements domicile-lieu de travail*, INSEE, 2019.

La pollution prend également une place conséquente dans le quotidien des urbain·es. La pollution atmosphérique, évidemment, qui cause divers désagréments (mains sales, peau irritée), déclenche de nombreuses allergies ou pathologies immédiates – respiratoires ou dermatologiques – et engendre des conséquences à plus long terme, avec notamment une recrudescence de cancers.
La pollution lumineuse aussi, qui affecte nos organismes bien plus qu'on ne l'imagine. Elle provoque parfois des troubles du sommeil, comme l'insomnie, pouvant déclencher différentes pathologies (irritabilité, troubles de l'humeur, dépression, anxiété, obésité : autant d'avertisseurs à prendre en compte) et avoir de nombreuses conséquences en cascade (cardiaques, cérébrales). Les petits oiseaux ne sont pas les seuls à avoir besoin de l'alternance du jour et de la nuit.
Enfin, la pollution sonore. Le niveau sonore moyen d'un centre urbain, comme celui de Lille, est d'environ 60 décibels[28]. L'intensité du bruit environnant peut être nettement plus forte en fonction des conditions de circulation, des travaux en cours, de l'activité commerçante d'une rue. C'est parfois énorme et, en même temps, il est facile de s'en accommoder, c'est une question d'habitude. Pourtant, ce tintamarre constant peut avoir des conséquences sur la santé et notamment sur la santé mentale. Les nuisances sonores ne se résument pas seulement au pas lourd de votre voisin·e du dessus qui vous réveille le matin. Elles sont partout, à chaque minute de la journée, dans les transports, les rues, les bars, les restaurants, au bureau et finalement jusque chez vous. Jamais de répit, jamais réellement de calme. La ville gronde, elle ne s'arrête pas (à l'exception de ce silence improbable que les habitant·es ont pu expérimenter pendant le confinement). Il y a un côté presque enfantin dans la tolérance dont nous faisons preuve envers ce brouhaha, à l'image du fœtus qui se rassure au bruit du cœur de sa mère. Si le silence, ou du moins le grand calme nocturne de la nature, peut être inquiétant, il est salvateur. Il invite à s'écouter soi-même et à lâcher prise. C'est une expérience simple et intense à la fois.

Mesurer l'impact de ces nuisances dans votre vie quotidienne est un levier important de la prise de décision : trop de bruit, de pollution ou de fatigue nerveuse finit par conduire au fameux « J'ai besoin d'air ! » Prendre conscience de toutes ces petites agressions et les mettre dans la balance permet de relativiser les « sacrifices » à faire pour impulser un changement fondamental. S'il peut être confortable de maintenir une situation existante, quelles qu'en soient les difficultés – changer est un grand défi –, faire un pas de côté, observer sa vie d'un œil objectif et en tirer les conclusions nécessaires est un processus qui permet de considérer la possibilité d'un changement avec sérénité et détermination.

---

28. *Mesures diagnostiques de la qualité sonore en ville* (Rapport final MEDISOV, Lille), ADEME, 2018.

LES CONDITIONS IMMATÉRIELLES

Si les conditions matérielles sont souvent déterminantes dans le choix de quitter la ville, il est également nécessaire de porter un regard attentif aux aspects immatériels. Ces derniers peuvent parfois poser problème lors de la transition vers une vie nouvelle, notamment pour celles et ceux qui n'ont pas vraiment choisi de quitter la ville, mais qui y sont amené·es par contrainte professionnelle ou familiale. La disparition d'un quotidien rythmé par des habitudes qui n'existent pas en dehors des centres urbains est alors vécue comme une frustration. Des habitudes de consommation surtout, puisque la ville est construite sur un modèle marchand. En sortir n'est pas si simple et nécessite de concevoir l'épanouissement personnel à travers l'être plutôt que l'avoir. C'est un chemin très intime, long et complexe. La logique consumériste se cache partout…

LES LOISIRS

Les loisirs représentent par définition le temps dont on peut librement disposer en dehors de ses occupations habituelles et contraintes. Ils ne devraient en aucun cas se transformer en marchandise. Or, en ville, les passe-temps sont bien souvent assujettis au paiement d'une prestation : club de sport, école de musique, activités culturelles, week-end de détente. La question du pouvoir d'achat est donc cruciale.

On constate aussi communément que les loisirs deviennent des palliatifs aux difficultés du quotidien : le yoga pour gérer son stress, la boxe pour défouler ses tensions, etc. Ils sont aussi parfois un espace de légitimation : la salle de sport de l'entreprise est le lieu idéal pour faire valoir son esprit *corporate*, une partie de golf peut permettre de signer un contrat… Quoi qu'il en soit, les loisirs semblent s'éloigner de leur objectif premier.

Réussissez-vous à vous accorder des pauses, en dehors de tout cadre marchand, qui vous permettent de vous détendre, de vous ressourcer et éventuellement d'interagir de manière stimulante et positive avec d'autres personnes ? Quel est votre espace de respiration ? De combien de temps auriez-vous besoin chaque semaine, chaque année, pour vous consacrer à une activité qui vous recharge et vous appartienne pleinement ? Ces questionnements sont incontournables pour éviter l'ennui et la frustration.

LES RELATIONS SOCIALES

L'amitié

Intéressons-nous maintenant au noyau des conditions immatérielles de la vie urbaine, nœud central d'un grand nombre d'enjeux : les relations sociales, le groupe choisi auquel on appartient, l'amitié élective[29] en exclusivité. La ville est un monde d'abondance et donc de choix. C'est un marché en toutes choses. Les personnes qui partagent nos vies sont des miroirs de nos aspirations profondes et des révélateurs de notre condition. En ville, les groupes, les classes cohabitent, mais se mélangent peu. Le capital économique conditionne ce que l'on fait ensemble, à commencer tout simplement par aller boire un verre ou manger au restaurant. Le capital culturel, les codes de langage, la tenue vestimentaire et les intérêts artistiques finissent par faire un tri efficace.

« Bien que je sois très fidèle en amitié, je reconnais que chaque étape de mon évolution sociale m'a coûté des ami·es. Qu'ils ou elles aient avancé plus vite que moi et que je n'ai pu ou souhaité les suivre, ou inversement, les frictions sont vite apparues. Aujourd'hui, j'ai le réseau d'amis le plus intergénérationnel, socialement divers et politiquement hétéroclite que je n'ai jamais eu. Mais surtout, une chose essentielle a changé, c'est le degré d'intimité. Je n'en avais pas conscience quand je vivais en ville, mais a posteriori *le contraste m'a frappée.*

L'explication est simple : en ville, je voyais essentiellement mes ami·es à l'extérieur pour prendre un verre, aller voir un spectacle, dîner au restaurant. L'accès aux appartements était plus rare et plutôt centré sur des apéros, dîners ou petites fêtes, presque toujours en groupe, avec beaucoup de bruit et d'alcool, ce qui ne participe pas à des échanges de qualité. On y parlait des petites choses du quotidien, de nos occupations ou de nos vacances, de notre travail, de politique évidemment, etc. On passait de très bons moments, mais cela restait superficiel. Finalement, les choses essentielles ne se disent pas en hurlant dans un lieu bondé, musique à fond. Le révélateur a été notre arrivée à la campagne. Tous les ami·es de la vie d'avant, curieux·ses de découvrir la ferme, sont venus un·e par un·e, au fur et à mesure, passer un week-end avec nous. Nous nous sommes souvent dit bien plus pendant ces quelques jours, qu'en des années de fêtes, déjeuners, dîners et concerts cumulés. Cette intimité nouvelle dépend de la qualité des relations qu'on entretient avec les autres et plus encore avec les gens qu'on aime. Elle nécessite un peu d'espace et surtout du temps, libre et dédié. »

29. Le fait de choisir ses relations sociales.

Cet aspect qualitatif des relations amicales est complexe à jauger. Il est néanmoins intéressant de s'interroger quant à la diversité des profils au sein de son réseau d'ami·es proches, quant à la nature de ces relations et leur durabilité. Il est également essentiel de compter les occasions que l'on a de vivre pleinement des choses ensemble.

Le couple

Évidemment, si l'amitié est concernée, l'amour l'est plus encore. La conjugalité était un des ressorts essentiels de l'exode rural. S'éloigner des mariages arrangés par les familles, afin de pouvoir sceller une union d'amour, motivait de nombreux départs. Le résultat est assez peu reluisant. Dans les grandes agglomérations, on constate que les unions se concluent une fois sur deux par un divorce[30], et avec huit millions de célibataires en France, la solitude est devenue un enjeu de société et un marché.

Les multiples sites et applis de rencontres qui structurent aujourd'hui le marché de la conjugalité sont sans doute la meilleure traduction de la marchandisation des plus intimes espaces de nos vies urbaines. On propose un classement, un catalogue, parmi lequel faire son choix. Tinder est actuellement l'application leader du marché. Son fonctionnement, basé sur la géolocalisation de l'usager, dans un rayon plus ou moins large (paramétrable dans les réglages), correspond à une approche *fast* de la rencontre. Le temps entre le premier *match*, l'échange *via* le chat et la rencontre physique, est bien plus court que sur d'autres applis où la correspondance virtuelle a davantage de place. En revanche, la concurrence est rude. Il faut apprendre à faire du *personnal branding* (marketing personnel) pour se créer un profil stéréotypé et vendeur (les tutos et conseils pullulent sur Internet). On est loin de l'alchimie magique de la rencontre spontanée. L'individu est forcé de devenir une marchandise normée répondant aux codes de séduction modernes. L'issue de ces rencontres peut être douloureuse pour celui ou celle qui repartira en ayant l'impression d'avoir été « consommé·e ». C'est là toute l'incohérence du processus.

Les sites de rencontres plus classiques sont désormais segmentés par niveau économique, appartenance religieuse ou politique. Dans cet espace concurrentiel qu'est la ville, le.la conjoint.e doit être un faire-valoir (physiquement, intellectuellement…). Les tendances du marché des sites de rencontres révèlent un nombre croissant de personnes en couple, d'hommes surtout, qui s'inscrivent malgré tout sur des applications pour jauger leur valeur et voir si une nouvelle opportunité ne

30. Ined.fr : tout savoir sur la population – les chiffres – France – mariage, divorces, pacs.

pourrait pas s'offrir à eux[31]. En d'autres mots : s'ils ne peuvent pas trouver « mieux » que leur actuelle compagne.

En lisant ces études, on peut rire ou s'offusquer, mais avant tout il faut comprendre. Ces codes ont une histoire, les unions « d'apparat » sont le ciment de la bourgeoisie urbaine qui a toujours recherché une communauté d'intérêts dans le couple afin de développer le patrimoine, sécuriser le capital et finalement l'héritage. Ces modes de conjugalité n'en sont que la continuité.

Accepter de s'interroger sur la nature de sa relation quand on est en couple n'est pas une chose facile. Au-delà du sentiment amoureux, comment parvenir à trouver une communauté de valeurs afin de construire ensemble un avenir commun, alors que l'on évolue dans une société individualiste qui nous assigne à refuser toute conciliation pour ne jamais renoncer à rien ? À vouloir tout à la fois, n'alimente-t-on pas une frustration sans fin – moteur très efficace de compensation par la consommation. Prendre une autre voie, envisager un avenir à deux, c'est un énorme chantier.

31. Selon un sondage de l'IFOP : *Observatoire 2018 de la rencontre en ligne*, coordonné par François Kraus.

L'inquiétude est également présente quand on est seul·e. Différente, mais bien là. Quitter la ville revient à s'éloigner de l'abondance de choix, qui laisse supposer que l'on maximise ses chances de trouver l'âme sœur. Réduire le nombre d'interactions éloigne-t-il mécaniquement de l'option de trouver un ou une partenaire de vie ?

« Il y a quelques années, l'une de mes amies célibataires me faisait part de ses errances sur les sites de rencontres. Ses critères étaient toujours plus exigeants au fur et à mesure des expériences décevantes. Elle avait construit tout un cahier des charges : l'homme à rencontrer devait être écolo, végétarien, comme elle, ne pas aimer le foot, se déplacer à vélo, vouloir trois enfants, etc. Après de nombreux échecs, en dépit des différents critères pointés, elle a fini par retrouver son amour d'enfance, qui bien sûr ne cochait aucune case. Ils ont aujourd'hui deux enfants et sont parfaitement heureux ! »

Seul·e ou en couple, avant d'engager un changement de vie radical, il est nécessaire de s'interroger sur votre rapport à la conjugalité. Qu'attendez-vous d'une relation ? Qu'avez-vous envie de donner ? Quels sont vos limites et besoins réels ? Souhaitez-vous inclure votre conjoint·e dans votre projet de vie ? Vous sentez-vous prêt·e à rêver avec l'autre et à faire front ensemble face aux difficultés ? Préférez-vous vivre seul·e ?

La famille

Les questions relatives au couple ouvrent sur un autre enjeu fondamental : la famille. L'arrivée d'un enfant est une période clé. Toutes les cartes sont rebattues. Le mythe de l'individu libre vole en éclat et on se prend le réel en pleine figure. C'est un moment où il est indispensable d'interroger ses acquis, où la liste des points précédents est mécaniquement passée en revue et adaptée. Cela explique pourquoi un départ sur deux vers la campagne est motivé par une naissance ou l'envie de créer une famille[32].

Santé, éducation, sécurité, liberté, temps libre, que souhaitons-nous pour nos enfants ? N'y a-t-il pas un moment où l'on se retrouvera forcément dans une impasse ? La vie tranquille, libre, ouverte sur la nature, dont on peut rêver pour un enfant, n'existe pas en ville. On ne peut avoir un emploi de cadre, travailler cinquante heures par semaine, effectuer des déplacements professionnels réguliers, opter pour trois modes de garde cumulés et se sentir pleinement disponible pour son enfant. Il est toujours question de choix. Et choisir, c'est nécessairement

---

32. Selon le rapport d'étude de l'association Familles rurales réalisé par l'IFOP en octobre 2018 : *Territoires ruraux : perceptions et réalités de vie.*

renoncer. L'amour d'un enfant et le besoin de contribuer à son bonheur sont des moteurs inégalables pour envisager une vie plus cohérente.

Nul n'est un individu isolé, nous relevons tous d'une cellule sociale de base, d'un noyau premier, d'une famille au sens stricte, d'un village ou d'une communauté. L'enfant que nous accueillons nous force à nous interroger quant à notre responsabilité, ce pendant terrible de la liberté. Que souhaitons-nous lui donner, lui transmettre ? Quel temps avons-nous à lui consacrer ? Il faut se poser la question.

La famille en tant que telle a beaucoup évolué et les nouvelles configurations que nous connaissons ne nous rendent pas tous égaux face à l'exode urbain. Les services que propose la ville peuvent être difficiles à trouver en campagne. Par ailleurs, partir quand on élève son enfant en garde alternée est nettement plus compliqué en termes d'organisation et de moyens que lorsque le couple parental vit toujours ensemble. Pour les familles monoparentales, reconstituées ou homoparentales, il existe une appréhension liée à la peur du jugement. Pourtant, accueil, entraide et ouverture d'esprit vont bien souvent au-delà de ce que l'on espérait.

« Évidemment, il y a des difficultés, des limites au rêve de vie sauvage. Quand ma fille Jeanne était petite, en pleine saison agricole, je signais chez son assistante maternelle des feuilles de présence de cinquante heures hebdomadaires ! Mais voilà, notre travail est saisonnier et, en dehors de la pleine saison, nous passons beaucoup de temps ensemble, notamment au jardin. Chaque minute passée à la voir jardiner, croquer les fraises tout juste cueillies à pleines dents, n'a pas de prix. Ces moments sont l'incarnation des choix que nous avons faits, l'immense rétribution symbolique pour nos petits renoncements matériels. »

L'envie de transition est une aspiration légitime, elle est utile et fertile ! Faire le choix de l'exode urbain, c'est accepter de porter un regard critique sur la vie en ville. C'est faire le bilan du mythe de l'exode rural pour le balayer, sans pour autant créer un autre miroir aux alouettes. Oui, il y a un avenir alternatif souhaitable, durable et positif à construire à la campagne. Ce choix ne répond pas à un modèle unique et réchauffé. Il est accessible, pluriel et se mijote à petit feu. Plus nous serons nombreux à sauter le pas, plus cette mouvance aura la force de changer le monde. Je veux croire que l'exode urbain est une forme de réponse à la concurrence entre les hommes et entre les territoires pour un chemin nouveau de coopération. Quitter la ville, mais ne pas la rejeter pour autant. Construire simplement au-delà et bâtir des ponts entre zones rurales et zones urbaines, voilà l'objectif !

CHANGER DE REGARD

Face aux défis qui se présentent à nous en vue de la construction du monde d'après, il est fondamental de reconsidérer notre échelle de valeurs. On a beaucoup parlé pendant la crise de la Covid-19 de la revalorisation des métiers indispensables : infirmièr·es, éboueur·ses, caissièr·es, personnel d'entretien, etc. Il me semble également nécessaire de changer notre regard sur les territoires. Les zones rurales ne doivent plus n'être qu'un refuge temporaire à l'heure du confinement. Elles sont bien plus que ça : elles sont l'espoir d'une vie nouvelle, qui nous permettra d'être à la hauteur des enjeux de notre société.

3

L'EXODE URBAIN, LA GÉNÉRATION Y S'ENRACINE

L'ASPIRATION PERSONNELLE, MOTEUR D'UN CHANGEMENT DE SOCIÉTÉ

Je ne crois pas à la dichotomie entre changement individuel et changement collectif, entre la révolution et les petits pas. Il n'y a pas de grand changement sociétal sans que la vie de chacun·e des membres du groupe ne soit profondément impactée. Il n'y a pas de petit geste individuel qui n'ait pas d'effet une fois multiplié par autant de personnes qu'en contient un collectif. La prise de conscience de la « génération climat » sur la fin d'un modèle mondialisé et consumériste nous invite à bouger, chacun·e à notre manière. L'aspiration individuelle à un mode de vie durable, plus autonome, plus simple, plus proche de la nature est indispensable pour faire face aux défis qui nous attendent, à commencer par le changement climatique, les attaques au vivant et à la biodiversité, la destruction des milieux naturels et la raréfaction d'un grand nombre de ressources. C'est une volonté intime, éthique, politique, philosophique finalement. Un mouvement de balancier s'opère entre conscience personnelle et appartenance au groupe.

Quel rôle jouons-nous réellement dans les opportunités que nous saisissons, nos rencontres, les drames et les échecs que nous vivons, la maladie ? Quelle que soit notre relation au destin et à la religion, au moment de prendre une décision qui implique de nombreuses conséquences sur notre vie, se joue quelque chose d'essentiel. L'intime aspiration d'être acteur de son destin.
Il existe une forme de confort à se laisser porter par les modèles sociaux imposés, les ambitions que nos parents avaient pour nous, à subir finalement des choix que l'on n'a pas vraiment faits. Notamment parce qu'inconsciemment cela permet de tenir les autres pour responsables des problèmes que l'on rencontre. Faire des choix engageants exige d'être prêt·e à affronter une montagne de responsabilités et d'effets en cascade qu'il sera impossible de reporter sur un tiers. C'est une manière de se confronter à ses désirs.
Certaines personnes initient leur exode urbain dans la même logique consumériste que celle qui présidait à leur vie précédente, en faisant le choix de vendre leur appartement en ville pour acheter une immense maison à la campagne, simplement parce qu'ils en ont les moyens, sans se poser davantage de questions. Malheureusement, ceux-là déchantent souvent très vite. L'exode urbain n'est pas si simple, il n'existe pas de recette magique. Le comprendre est une première étape essentielle. Un tel projet implique avant tout d'être prêt·e à « se construire ». Pour cela, il faut du temps, accepter d'essuyer des échecs, savoir demander de l'aide. C'est à mille kilomètres de ce que l'on nous enseigne à l'école, alors à nous d'en prendre conscience.

Les peurs que nous rencontrons au quotidien sont essentielles à l'équilibre du système : la peur du manque et du jugement incitent à consommer et se soumettre au travail, la peur de l'insécurité et de l'altérité justifient le contrôle de l'État, la peur de la répression calme toute velléité de rébellion. La peur est l'ennemi du changement. Parallèlement, l'injonction continuelle à «prendre confiance en soi» et à «agir», dans un monde qui fait en sorte que cela ne soit pas possible, est absurde. Il faut aborder les choses autrement.
Faire un choix de vie plus vertueux nécessite d'importants ajustements, du dialogue et beaucoup de solidarité. Ce chemin singulier conduit à bouleverser la hiérarchie de ses priorités. Vie familiale, vie professionnelle, vie sociale, engagement associatif ou politique, temps créatif : tout est à réorganiser. Pour le meilleur sans doute, mais pas sans heurts.

Repenser le rapport à la «richesse», c'est aussi envisager un exode urbain moins inégalitaire que n'a été l'exode rural. Pour que ce mouvement soit juste, ouvert et qu'il devienne le levier de changements nécessaires au monde de demain, il doit être possible pour toutes et tous sans discriminations relatives au capital économique, social ou culturel.

«Dans les moments durs, surtout, et nous en avons rencontré pas mal depuis le départ, on m'a demandé si je regrettais d'être allée vers la difficulté. Ce n'est pas comme cela que je le vis. C'est comme lorsque les gens louent notre "courage". Je trouve finalement bien plus courageux d'accepter de faire face à un patron maltraitant quotidiennement, pour un salaire qui ne permet même pas de vivre dans un trois-pièces, de passer deux heures par jour dans les transports sans broncher ou de ne voir ses enfants que quinze heures par semaine. Où est vraiment la difficulté ?

Quelques mois après notre rencontre, j'ai accompagné Adrien aux stages auxquels il participait au cours de sa formation agricole. Cette envie d'installation était déjà bien ancrée en lui. De mon côté, je me demandais comment le suivre ou intégrer réellement le projet. À l'époque, j'avais beaucoup d'incertitudes quant à ma capacité à apprendre, à faire les choses et finalement à assumer au quotidien une vie rurale et paysanne. Mes premiers doutes étaient physiques : travailler avec mon corps, faire face aux conditions climatiques, etc. Lors de ces premières expériences, je me suis bloqué le dos, j'ai beaucoup pleuré. J'avais la peur immense de ne pas "y arriver". Nous avons passé plusieurs semaines à Guiclan, dans le Finistère, chez Isabelle Chaillou et Loïc le Pollès, nos maîtres de stage[33]*. Ces derniers ont pris beaucoup de temps pour nous écouter et nous accompagner, au-*

---

33. Depuis 2008, Isabelle Chaillou et Loïc Le Pollès cultivent en bio plantes aromatiques et médicinales à la ferme Les bonnes herbes de Kerlaoudet, à Guiclan.

Récolte à l'aide du toutilo.

delà des techniques agricoles qu'ils nous ont transmises. Ils ont accepté de nous recevoir à deux, en insistant sur ce qu'est le couple dans une vie agricole : la non-dissociation de la vie privée et de la vie professionnelle, l'importance de pouvoir recourir l'un à l'autre, et le chemin que chacun·e doit faire personnellement pour y parvenir. Finalement, ce que cette période nous a enseigné de plus précieux, c'est que nous n'étions préparés à rien de ce qui nous attendait et c'est sans doute pour ça que nous suivions la bonne voie. Les outils que nous avions en poche nous serviraient sans doute à nouveau un jour, mais d'ici là, il fallait plonger dans le réel apprentissage, l'expérience dans sa plus pure définition. Aborder l'avenir avec humilité et persévérance rend libre. Et ce sentiment est grisant. »

LE CARNET DE RÊVES

Un élément essentiel de la préparation de notre départ a été notre carnet de rêves, qui nous est encore précieux aujourd'hui. Il n'y a pas un·e porteur·euse de projet qui ne vienne nous rencontrer sans que nous lui donnions ce conseil : établir un carnet de rêves. Faire le bilan de sa vie urbaine a vocation à créer le déclic.

Il n'est plus question ensuite de faire l'autruche ou de refaire sa vie avec des « si » : « Si je ne passais pas une heure dans des transports bondés pour aller bosser, j'aurais le temps de… », « Si je n'avais plus ce chef odieux, j'aimerais mon travail », etc. Il s'agit de questionner un mode de vie manière globale et transversale.

Néanmoins, dresser la liste des problèmes rencontrés n'apporte pas de solution. C'est comme pour la construction de l'utopie qui réduit à la cuisson. Mettez donc dans votre nouvelle vie une belle grosse part de rêve au départ. Tout ne se réalisera pas, vos envies évolueront sûrement avant même que vous ayez eu le temps d'atteindre la moitié de vos objectifs, mais autorisez-vous à imaginer votre vie ailleurs. Écoutez ce que vous êtes, acceptez votre histoire.

N'hésitez pas à dessiner. Ces rêves sont aussi des images : celles d'une maison, d'un jardin ou d'un paysage. Projetez-vous dans l'environnement qui vous attire : une zone de montage, un territoire boisé, des collines, une rivière, des champs à perte de vue, la garrigue… Il faut oser avoir une approche sensorielle et intuitive des choses, pas uniquement rationnelle. L'angoisse de la feuille blanche fait partie du processus. Le *mind mapping* («carte mentale»), qui consiste à organiser en schéma ses idées, peut aussi être utile pour vous aider à construire votre projet.

«Dans notre carnet de rêves, nous avions inscrit pas mal de choses. En dix ans, nous sommes parvenus à en réaliser certaines : l'achat d'une ferme, la production de plantes aromatiques, la construction d'un poulailler. D'autres sont encore à l'état de chantier : notre maison écorénovée qui ne l'est qu'à moitié, un verger où il n'y a que huit arbres pour le moment, une vache qui finira bien par arriver… Ce carnet n'est pas un plan d'attaque, mais un point de départ : la trace de nos rêves.»

PENSER AUTREMENT LA QUALITÉ DE VIE

Qu'apporte de foncièrement différent une vie à la campagne ? Au-delà du réveil au chant des oiseaux (ou au ronronnement de la moissonneuse-batteuse), il s'agit de concevoir la valeur de la vie rurale en termes de qualité de vie, plutôt qu'en termes de pouvoir d'achat. L'approche que je défends est résolument anti-consumériste. Une vie décroissante est tout aussi riche, intense et satisfaisante qu'une vie urbaine, à cela près que le plaisir éprouvé ne repose ni sur la concurrence ni sur la comparaison, mais sur le partage, et cela à tous les niveaux.

«Hapiness is real only when shared.»[34] – Jon Krakauer, *Into the Wild*

34. «Le bonheur n'est réel que quand il est partagé» : Jon Krakauer (trad. Christian Molinier), *Into the Wild*, 10/18, 2008.

L'ESPACE

Lorsque l'on part vivre à la campagne, l'espace est la première des choses à laquelle on pense. Dans l'imaginaire collectif, habiter à la campagne, c'est choisir une maison ancienne, isolée, avec grand jardin. En réalité, il existe une pluralité de manières de s'y installer. Ces dernières années, les Tiny Houses[35], par exemple, connaissent un certain succès. Ces maisonnettes écologiques mobiles, conçues sur mesure et synonymes de simplicité volontaire, prouvent que la notion d'espace est relative. Si l'intérieur est très petit (bien que très fonctionnel), l'extérieur fait partie intégrante du lieu de vie. « Avoir de la place » n'implique pas nécessairement de choisir un habitat rural dont la surface au sol fait cinq à dix fois celle de votre appartement actuel.

Néanmoins, si l'on fait le choix d'un habitat plus classique, il y a vraiment quelque chose de grisant à imaginer ce que l'on va pouvoir créer à partir d'un lieu désuet. On ne choisit pas un bien de la même manière qu'en ville. On ne réfléchit pas d'emblée à la potentielle plus-value que l'on fera à la revente, mais on examine en priorité si le bien (petit appartement, maison de village, ferme…) répond à nos besoins et nos envies. Un grand nombre de logements disponibles appartenaient auparavant à des personnes âgées. Il est évident qu'il faut passer outre les papiers peints défraîchis et observer plutôt la taille des pièces, la lumière, si la maison est saine et bien conçue. Il ne s'agit pas de s'installer dans un lieu de vie « prêt-à-consommer », mais de s'interroger quant à son potentiel. C'est effectivement un peu plus complexe que de choisir un appartement en résidence.

Ami·es, parents ou organismes[36] peuvent vous conseiller et vous accompagner. S'il n'y a pas de règle ou de formule magique pour trouver la perle rare, il est important de visiter un maximum de biens dans la région qui vous plaît, y compris des lieux qui *a priori* ne correspondent pas à ce que vous recherchez. Cela vous permettra de découvrir les petits trésors du patrimoine local (taille de pierre, assemblages de charpente…) et de repérer les principaux défauts du bâti ancien de votre territoire (humidité, isolation, fondations…). Au fil des visites, votre regard s'affûtera et vous serez plus à l'aise dans vos échanges avec les propriétaires. Le jour de votre véritable coup de cœur, vous serez à même de vous lancer.

---

35. À lire : Christian La Grange, *Minimaisons et tiny houses – Une autre manière d'habiter*, Terran, 2019.

36. L'Anah (Agence nationale de l'habitat), les architectes des départements, les associations du maintien du patrimoine bâti (Teiz Breiz en Bretagne par exemple), etc.

Puisqu'il s'agit souvent de réfléchir en fonction d'une vie qui n'est pas encore la vôtre, n'hésitez pas à échanger avec des gens dont le mode de vie vous semble inspirant. Vous apprendrez par exemple qu'une cave ou un cellier sont précieux pour conserver des légumes l'hiver ou faire du cidre, qu'il est bon d'avoir un endroit où installer un atelier, que ce puits au fond du jardin était en eau, même pendant la dernière grande sécheresse, et qu'il sera donc un atout pour arroser vos plantations, etc. Cela vous évitera aussi peut-être d'avoir la folie des grandeurs. Chaque espace additionnel à rénover, chauffer, entretenir, aménager a un coût. Si vous suffoquez dans votre studio, vous serez nécessairement séduit par de grands volumes. C'est pourquoi interroger ses réels besoins en amont permet de rationaliser et d'éviter de subir par la suite un choix induit par la frustration ressentie en ville.
Il est également enrichissant d'aller à la rencontre du voisinage pour discuter un instant et glaner quelques renseignements à propos du climat ou de l'ambiance du village. Seraient-ils·elles heureux·ses de vous voir arriver ? N'oubliez pas enfin de rencontrer les élu·es qui sont une source précieuse d'information et un bon relais par la suite.

« Nous avions rencontré le maire de Sixt-sur-Aff, M. René Riaud, et un élu du conseil municipal le matin même de notre première visite de la ferme. Ces derniers étaient circonspects que nous ayons désiré les rencontrer avant même d'avoir vu le bien. Depuis, ils ont compris pourquoi cela était si important pour nous. Ancrer un projet comme le nôtre dans un territoire que nous ne connaissions pas, nécessite soutien et bienveillance de la part des élu·es. C'était un premier pas vers la communauté que souhaitions rejoindre, en choisissant d'y habiter. Cela me semble essentiel à toute installation et cette rencontre a joué dans la réussite de notre projet. Leurs conseils, leur intervention auprès des organismes dont nous dépendions nous a par exemple permis de faire de notre ferme un établissement recevant du public (ERP) avec des toilettes sèches, ce qui n'entrait normalement pas dans les cadres possibles. »

Seul·e, en couple, en famille, en collectif, parmi les premières questions qu'il faut se poser il y a celle de la cohabitation : « Avec qui ai-je envie de vivre ? » Bien souvent, en ville, la colocation est subie. C'est un moyen de partager les frais, de vivre en centre urbain sans en avoir réellement les moyens. Pourtant, habiter avec d'autres personnes peut être une expérience très enrichissante, à condition bien sûr d'être à l'écoute des besoins et envies de chacun·e.
La campagne offre la possibilité d'inventer un large panel de solutions individuelles ou collectives, d'autant que le rapport à l'espace est nettement moins contraint : colocation, habitat groupé autoconstruit, demeure de caractère à rénover, habitat « atypique » : roulotte, yourte, tipi. Il existe mille et une manières d'inventer un lieu de vie qui nous corresponde.

LA NOTION DE BESOIN

Dans un monde aux ressources finies, où décroître est une nécessité et une urgence, comment envisager sereinement un rapport différent à nos « besoins » ? Que signifie ce mot ? De quoi a-t-on réellement besoin pour vivre ? S'engager dans cette réflexion, c'est accepter de remettre en question notre manière de vivre et ses fondements. Sans même en faire le cœur d'une démarche décroissante, vivre loin de la pression consumériste urbaine, des magasins et des panneaux publicitaires, modifie fondamentalement notre rapport à la possession. La ruralité est intrinsèquement synonyme de simplicité de vie. Souvent, cette décroissance, cette idée de « vie simple », que défend l'approche écologiste, est associée à une forme d'ascèse : le fait de « ne pas pouvoir (ou de s'empêcher de) jouir pleinement de la vie », de « se priver, plus ou moins volontairement, des moments de plaisirs ». Or, c'est tout l'inverse. Si le plaisir est constitutif d'une vie épanouie, il existe mille manières de l'éprouver, de se sentir heureux, comblé, joyeux, sans que cela ne soit lié à un quelconque cadre marchand.

Parmi les clichés largement diffusés pour disqualifier la décroissance, apparaît avant tout la peur de « ne plus avoir accès à », d'être « privé·e de ». Refuser la satisfaction immédiate de la consommation permet de s'ouvrir à bien d'autres formes de rétributions et plaisirs au quotidien. Il faut faire un pas de côté pour comprendre que consommation ne rime pas avec abondance et que l'abondance peut naître de la décroissance. Si, par exemple, vous autoproduisez une partie de vos fruits et légumes, vos récoltes seront bien souvent plus importantes que vos besoins. Les excédents pourront alors être généreusement distribués ou transformés en conserves, confitures, pâtes de fruits, etc. en prévision de l'hiver. Ils seront aussi des cadeaux appréciés par vos proches et pourront servir de monnaie d'échange pour faire du troc quand un produit ou un outil vous manque. La simplicité volontaire est un acte politique et un acte d'émancipation. Elle implique de recourir le plus souvent possible à l'entraide et de travailler sur son autonomie. À ce titre, elle transforme des relations purement utilitaristes et économiques en relations de partage et de solidarité.

« Une des plus grandes satisfactions que je tire de mon alimentation aujourd'hui tient dans le lien que j'entretiens avec celles et ceux qui produisent ce que je mange. Le fait d'aller au marché, d'échanger avec les agriculteurs.trices qui nous entourent et de produire une part de ce que nous consommons a profondément changé ma manière de cuisiner, de manger et de vivre les repas. Je ressens une immense fierté à déguster ce que j'ai moi-même contribué à produire, bien que nous soyons en deçà de notre objectif initial. Croquer dans une tomate que l'on a plantée, arrosée, taillée et chouchoutée, jusqu'à parfaite maturité est une satisfaction inégalable ! Notre fille n'a jamais grimacé devant un légume et jardine depuis qu'elle marche. Elle plante avec nous légumes et aromatiques, elle goûte directement dans le jardin les petits pois, les haricots ou les choux, ce qui, bien évidemment, lui permet d'entretenir un tout autre rapport à ces produits. Ils sont son univers, elle aime les manger, les cuisiner, les partager. Nous ne sommes pas végétariens, mais devoir élever, puis tuer ses animaux change radicalement le rapport que l'on peut avoir à l'alimentation carnée. En toutes choses, il s'agit d'avoir une conscience accrue dans ce qu'on consomme. »

Stage d'autoconstruction d'une éolienne Piggott à La Belle Verte, ancienne association d'écologie pratique, située en Gironde.

© Alice Pagel-Brousse

Il subsiste un autre cliché commun visant campagne et décroissance, régulièrement associé au mouvement écologiste : la mise en marge du progrès. Une critique qui se traduit souvent par des petites remarques telles que : « On ne va pas quand même pas revenir à la bougie ! » Il est urgent de casser ce cliché. Le refus de la consommation de masse n'empêche pas un grand nombre de ruraux de s'intéresser aux innovations en tout genre : autonomie énergétique, architecture bioclimatique, agriculture, etc. Des groupes se mettent en place partout en France pour partager leurs savoirs, imaginer des solutions, proposer des ateliers. L'Atelier paysan, par exemple, coopérative qui « accompagne les agricultreurs.trices dans la conception et la fabrication de machines et de bâtiments adaptés à une agroécologie paysanne »[37], met à disposition des plans, propose des fab lab[38], des ateliers mobiles, ainsi que des formations pour apprendre à autoconstruire, entre autres, des outils agricoles destinés à l'agriculture mécanique ou à la traction animale. Un de leurs objectifs est de « retrouver une autonomie par la réappropriation des savoirs et des savoirs faire ». De nombreux chantiers participatifs et centres de formation[39] peuvent vous accompagner dans la construction d'une maison écologique, d'une éolienne Piggott ou un projet de phytoépuration dernière génération. On n'est pas ici dans une simple logique de consommation. Dans la lignée du logiciel libre[40], ces innovations impliquent investissement et partage. Nous en sommes les acteur·rices et les pourvoyeur·ses. Ce système vertueux, où une dépendance mineure à l'argent crée du lien entre les personnes, conduit à des échanges extrêmement enrichissants ! Avec ce schéma, l'innovation technologique va de pair avec l'innovation sociale, qui contribue à lui donner du sens.

L'AUTONOMIE

L'installation en zone rurale est une opportunité pour réfléchir en termes d'autonomie au quotidien. Dans un contexte où la peur de l'effondrement, qu'on appelle aussi « solastalgie » ou « écoanxiété », est de plus en plus prégnante, l'autosuffisance revient souvent dans les conversations. Il s'agit moins de chercher à remédier

37. latelierpaysan.org

38. « Fab lab » est la contraction de *Fabricaion Laboratory* en anglais qui signifie « laboratoire de fabrication ».

39. Par exemple, le réseau Tripalium pour les éoliennes (tripalium.org) ou l'association Castors de l'Ouest pour l'autoconstruction écologique (castorsouest.eu).

40. Le logiciel libre ou la désignation « open source » a tout d'abord concerné les logiciels informatiques avant de s'élargir à d'autres domaines techniques et créatifs. Ce mouvement vise au progrès par le partage de connaissances et le travail collectif sans frontières, en permettant au grand public d'avoir librement accès aux informations, au « code source ». C'est l'antithèse du brevet.

aux défaillances potentielles d'un système à bout de souffle, que de se positionner comme actrice et acteur de ses besoins. L'acquisition de savoir-faire est un des piliers de l'autonomie et sans doute l'une de ses principales vertus. Car effondrement ou pas, moins dépendre du système revient à long terme à moins dépendre de l'argent et donc à modifier profondément sa relation au travail.

Un habitat peut être autonome sous réserve d'investissements. Il est nécessaire d'avoir ce projet en tête dès le départ. Eau et énergie sont les deux premiers piliers de cette réflexion. Avant d'envisager de se déconnecter des réseaux, il faut réduire ses besoins. Une bonne isolation permettra par exemple de moins chauffer, et installer des toilettes sèches de réduire ses besoins en eau. Si vous êtes bricoleur, vous réaliserez des économies substantielles, mais quoi qu'il en soit, ces investissements sont vite rentabilisés, surtout si vous les comparez au poids des charges de votre budget actuel. Vous pouvez ensuite envisager l'autonomie totale en cherchant à produire vous-même l'énergie nécessaire à vos besoins, le captage de votre eau, le traitement naturel des eaux usées, etc. De nombreux ouvrages traitant de l'écoconstruction pourront vous aider à imaginer les solutions techniques les plus adaptées à votre lieu et à votre mode de vie. L'objectif à terme étant que votre logement ne soit plus une charge et fasse partie intégrante de la solution, en s'incluant dans la réduction de vos besoins.

Il est important d'inscrire ces réflexions dans un processus long. Tout ne peut pas se mettre en place en même temps. Vous apprendrez de vos erreurs (car on en fait toujours !) et surtout vous apprendrez à accueillir la temporalité de ce mode de vie différent. Il est impossible de concevoir l'autonomie alimentaire sans la saisonnalité : si vous ratez vos tomates, il faudra attendre l'été suivant pour en récolter. Un arbre fruitier fraîchement planté donnera des fruits seulement cinq ans plus tard. C'est incomparable avec le cycle de la consommation qui, de la publicité à l'achat, en passant par l'envie et une éventuelle validation par des tiers, se boucle en un clin d'œil. On retrouve cette rapidité dans l'obsolescence prématurée de ces faux besoins.

« Ma plus grande difficulté, les premières années, a été d'apprivoiser ce rythme lent. J'ai systématiquement sous-estimé le temps nécessaire pour que les choses se fassent : les travaux, la mise en place des cultures, le jardin. Je me suis si souvent reproché mon manque d'efficacité. Si ça n'avançait pas assez vite, c'est que je ne travaillais pas suffisamment. Finalement, après deux ans sans prendre un seul jour de vacances, mon corps m'a rappelé à l'ordre et il m'a été nécessaire de m'interroger sur ce qui était si dur à lâcher pour moi. Ne pas avoir prise sur le temps, accepter les cycles, les contraintes de

Récolte du shiso pourpre à la faucille.

Cueillette au potager.

chacun·e et savoir aussi accueillir les opportunités. Sortir des besoins matériels et de la surconsommation avait été un soulagement immédiat et la source d'une grande fierté, mais j'étais solidement accrochée à l'immédiateté. Aujourd'hui encore cela me joue des tours. J'apprends alors à valider des étapes, à être fière de mes cent bocaux de sauce tomate qui ajouteront un peu de soleil à nos petits plats jusqu'à l'été prochain et à chercher une utilité à ces quatre-vingts litres de cidre oubliés, devenus autant de vinaigre !»

L'ENTRAIDE

Quand on fait le point sur nos réels besoins quotidiens et que l'on réfléchit aux manières d'y répondre, on comprend qu'il existe de nombreuses possibilités pour contourner le système marchand classique. Il faut un peu de temps pour que cela devienne un réflexe, mais très vite, par commodité, on préfère emprunter ce dont on a besoin à un·e voisin·e ou à un·e ami·e plutôt que de l'acheter. Les réseaux de seconde main sur Internet sont également une bonne option, ainsi que les traditionnels «vide-greniers» toujours très fréquentés. Un grand nombre d'objets concrètement utiles au quotidien ne subissent pas l'obsolescence, contrairement aux gadgets. Leur valeur marchande est aussi faible que leur utilité est grande. Il est donc simple de les échanger, de les réparer, de se les faire offrir.

On associe trop souvent autonomie et autarcie, alors que l'entraide participe entièrement de l'autonomie. Être capable de mobiliser matériel ou ressources sans passer par l'échange marchand requiert du lien social. Ce peut d'ailleurs être un excellent moyen de s'intégrer quand on arrive sur un territoire. Nous n'aurions jamais réussi à accomplir tout ce que nous avons réalisé en dix ans sans l'aide de très nombreuses personnes. Pour nous, l'interdépendance était un objectif. Pour d'autres, c'est un moyen. Quoi qu'il en soit, c'est à réfléchir et à appréhender. Vous inventerez la manière de coopérer qui vous convient.

«Nous avons fait le choix de la propriété collective. Pilier de notre socle de valeurs, la remise en cause de la propriété privée – tabou rural par excellence – était une étape essentielle de notre installation. Pour les agriculteur·trices en particulier, le patrimoine foncier permet de compenser le système de retraite totalement dysfonctionnel de la Mutualité sociale agricole. Avec un cotisant pour trois retraités, une dette structurelle et des pensions bien en dessous du seuil de pauvreté, les agriculteur·trices ne peuvent pas compter sur le système pour assurer leurs arrières. L'achat de terres et de biens immobiliers est donc destiné à assurer leurs vieux jours. Toutefois, la crise est passée par là et la valeur de ces biens est souvent inférieure à ce que les propriétaires espéraient en tirer à la revente. Il est important de prendre ça en compte en négociant l'achat d'une ferme ou d'une maison avec un ancien agriculteur. Les attentes sont parfois déconnectées des "prix du marché", mais l'enjeu peut être énorme pour la personne qui cède le bien. Pour nous, il était inenvisageable de prolonger cette logique spéculative qui rend l'accès à la terre de plus en plus compliquée pour les nouvelles générations. Nous voulions vivre justement de notre travail pour ne pas avoir besoin de compenser un manque de revenu et de protection sociale.

En 2011, en trouvant la ferme, nous avons sollicité un dispositif d'installation nommé "portage foncier" à l'initiative des collectivités, pour faciliter l'installation de nouveaux paysan·nes. En pratique, notre ferme a été achetée par la SAFER[41], puis mise en réserve avec l'aide de la Région Bretagne et du département d'Ille-et-Vilaine. Nous avons bénéficié d'un bail précaire de deux ans, qui nous permettait de commencer à nous installer sur la ferme en échange d'un loyer modique, en attendant de finaliser

41. Le réseau des SAFER (Sociétés d'aménagement foncier et rural), créé en 1960, regroupe des sociétés anonymes spécialisées dans la vente de biens fonciers ruraux. Elles sont l'un des principaux instruments d'aménagement du territoire et favorisent, entre autres missions, l'installation de nouveaux exploitant·es.

le montage de projet et de réunir les fonds pour le rachat définitif. À la fin de ces deux années, il fallait racheter ou partir. Nous avons profité de ce délai pour faire une levée de fonds en direct. À l'époque, le crowdfunding en ligne débutait tout juste. Nous avons préféré opter pour une méthode "In Real Life" *: nous avons monté des stands sur des salons bio et des marchés, fait du porte-à-porte, des réunions publiques dans les cafés du coin, envoyé des centaines de mails, organisé des fêtes et des portes ouvertes. Au final, nous avons réussi à rassembler la somme nécessaire au rachat des terres et des bâtiments professionnels. En 2013, nous avons donc créé la SCI "La Châtaigneraie des Landes" avec quatre-vingt-onze associé·es pour un capital mobilisé, à l'époque, de 60 800 euros (aujourd'hui, nous sommes cent vingt-six et le capital s'élève à 79 200 euros).*

Nous avons fait le choix d'une gouvernance coopérative : au sein de nos organes de décision, chaque personne possède une voix, qu'importe la valeur de son capital dans la société – nous y compris. Nous décidons ensemble de la meilleure manière de gérer le foncier (plantation de haies, écorénovation, etc.). En revanche, la SCI n'intervient pas du côté des activités quotidiennes des locataires (nous) : le café librairie d'un côté, la ferme bio de l'autre. Les loyers collectés (fermage et bail commercial du café-librairie) permettent de payer les charges, taxes et assurances qui reviennent à la SCI en tant que propriétaire et de financer les coûts de gestion de la structure (AG, enregistrement des entrées et sorties d'associé·es, etc.). Chacun·e de ces copropriétaires a fait le choix d'une épargne responsable. Contrairement à un placement en banque, où l'on ne peut connaître l'impact de son argent sur l'économie réelle, ici on le perçoit immédiatement et on est associé à la décision. L'épargne est assurée car attachée à la valeur réelle, matérielle d'un bien.

Tous les trois ans, il est possible d'entrer ou de sortir de la SCI et de récupérer la somme investie au départ. Un jour, nous espérons pouvoir modestement valoriser les parts, afin de proposer une réelle alternative au système d'épargne proposé par les institutions bancaires. Actuellement, la rétribution est symbolique : faire partie d'un collectif, soutenir les paysan·nes bio, sécuriser son épargne dans l'économie réelle (cela remplace les 0,75 % d'intérêt que rapporterait cet argent sur un livret A). Nous travaillons avec d'autres SCI et GFA (groupements fonciers agricoles) à la levée de problématiques administratives et fiscales (coûts et contraintes liés aux entrées et sorties d'associé·es, par exemple) qui entravent la possibilité de valoriser un peu ce capital grâce aux loyers versés. Ainsi, rétributions financière et symbolique pourraient se compléter. Si l'aventure devait s'arrêter pour nous, si nous venions à décéder, les propriétaires pourraient proposer la ferme à de nouveaux locataires, protégeant ainsi le travail réalisé durant toutes ces années.

Il est certain qu'on ne rejoint pas une structure comme la nôtre comme on place son argent en bourse. Investir en collectif permet de parler d'argent librement pour s'émanciper de ses contraintes, c'est d'autant plus important que les associé·es ne sont pas nécessairement tous·tes au sein de la SCI pour les mêmes raisons. Les membres de notre SCI ont tous·tes des profils sociologiques divers. Il y a évidemment des membres de nos familles et des proches, des personnes qui, par réseaux militants, ont entendu parler du projet et en partagent les principes, des urbain·es qui prennent conscience de leur dépendance à l'agriculture et souhaitent soutenir la démarche, des voisin·es heureux·ses de voir des projets émerger près de chez eux et même des agriculteurs conventionnels.

La SCI est une force immense pour notre projet. Cela dépasse de loin l'énergie que nous a demandé la levée de fonds du départ et les procédures administratives et de gestion que cela implique. Chaque membre est un relais pouvant nous apporter ses conseils et son expertise. Quand nous avons fait face à des difficultés, nous avons pu mesurer à quel point le fait de ne pas être seul·es était un outil de résilience inégalable. Cette question de la propriété collective des terres, c'est encore notre combat aujourd'hui. Les jeunes agriculteurs·trices s'installent avec l'obligation d'acheter leur outil de travail. Des investissements considérables, qui ne seront jamais réellement compensés par la vente des produits. Il est urgent de se responsabiliser en orientant ses choix de consommation au quotidien et de créer du lien avec celles et ceux qui nous nourrissent. Avant même de quitter la ville, voici déjà un bon moyen de mettre un pied en zone rurale : intégrer des GFA et SCI de fermes bios en prenant contact avec l'association Terre de Liens.[42] »

L'entraide a également pour objectif essentiel le partage et l'acquisition de savoir-faire. Jardin, cuisine, couture, plomberie, couverture, maçonnerie, électricité, menuiserie : la liste des compétences pratiques nécessaires à une vie plus autonome est immense et pas une seule n'est enseignée à l'école en filière générale. Ce « capital bricole » est très important. Si vous avez la chance d'avoir quelques artisans amateurs ou professionnels dans votre réseau familial ou amical, leur aide pourra vous être précieuse. Si ce n'est pas le cas, il existe de nombreux moyens de vous former. Les SEL (systèmes d'échanges locaux) sont des associations dédiées au partage de savoir-faire qui fonctionnent grâce à un système de points. Grâce à ceux que vous cumulez en transmettant à d'autres ce que vous savez faire, vous pouvez bénéficier à votre tour de la formation dont vous avez besoin. En réalité, vous trouverez souvent

42. L'association Terre de liens (terredeliens.org) invente des outils visant à « faciliter l'éclosion de projets qui redonnent vie aux territoires ruraux et participent fortement à recréer du lien social ». Elle permet notamment de mettre en lien porteur·ses de projets et investisseurs éventuels. Renseignez-vous !

des solutions plus informelles : un·e voisin·e ou un·e collègue, par exemple, qui sera ravi·e de partager avec vous ses connaissances.

« Autour de nous s'est construit un réseau de parrains et marraines en ruralité. Christophe Conquérant, l'ancien propriétaire de notre ferme, est le pilier de cette transmission. Nous l'avons adopté avec les murs. Il nous appelle "les enfants". Nous lui sommes très reconnaissants d'avoir joué ce rôle de transmetteur, de n'avoir jamais jugé nos choix, même s'il ne les comprenait pas toujours, et d'avoir répondu présent quand nous avions besoin d'aide ou de conseils. Ses compétences sont immenses : il sait à peu près tout faire. Pour le reste, il connaît toujours quelqu'un capable de l'aider à résoudre un problème. Petit à petit, il nous a enseigné les mille subtilités de la mécanique agricole, de la soudure, des soins aux animaux. Il nous a appris à affûter une chaîne de tronçonneuse et à réaliser les légendaires "roupettes à queue à la goutte" à partir des merises sauvages du jardin. En échange, nous lui avons transmis des connaissances numériques et l'avons accompagné dans ses démarches administratives. »

LES RELATIONS HUMAINES

Bien souvent, l'envie de quitter la ville est associée au besoin de « fuir la foule ». L'interaction sociale subie peut être éprouvante, plus encore lorsqu'on est dans une situation de vulnérabilité ou de grande sensibilité due à la fatigue, au stress, au bruit, voire au cumul de tous ces facteurs. La concentration est une cause de mal-être considérable. Tout comme les animaux, les humains soumis à une pression constante et une trop grande promiscuité adoptent des comportements dysfonctionnels ou violents. À la campagne, il est nettement plus facile de doser ses interactions avec les autres, de faire de la solitude une alliée et non une contrainte. Si vous avez particulièrement besoin de quiétude, vivre en habitat isolé, loin du bruit, est une opportunité pour trouver un peu de sérénité. Il est plus simple de mettre des barrières quand l'interaction repose sur l'accès à votre espace privé. Vous pouvez ainsi choisir les moments qui vous paraissent propices pour échanger avec les autres de manière bienveillante et qualitative.

La qualité de vie à la campagne repose notamment et peut-être essentiellement sur les relations humaines. La solidarité est partout : dans les actes, le lien entre les générations, l'accueil de l'altérité. Les liens se tissent dans la confiance, l'intimité et l'amour.

«La relation que nous avons développée avec Christophe est un exemple parmi tant d'autres de ces amitiés non-électives, mais si précieuses, que la vie rurale nous a apportées. Au départ, à l'exception de la ferme, nous n'avions pas grand-chose en commun. Pourtant, d'année en année, en dépit de nos opinions politiques divergentes, de nos loisirs et centres d'intérêt culturels éloignés, de nos réseaux d'ami·es distincts et même de notre manière d'être si différente, un lien indéfectible s'est créé.

Nous avons vécu un entre-soi extrême avant d'arriver à Sixt-sur-Aff, notamment par le biais du militantisme. À force de fréquenter des personnes de même niveau social et de même âge que soi, ayant des codes et des idées proches des siennes, on s'éloigne du monde réel. On reproche volontiers cela aux politiques, mais chacun·e, à notre niveau, avons tendance à entretenir un mimétisme rassurant et à écarter la différence. Aujourd'hui, j'ai des ami·es de tous âges, ayant des métiers, des modes de vie et des opinions politiques très différents et c'est incontestablement ce que la ruralité m'a offert de plus précieux.

Après notre départ, nos proches nous demandaient souvent : "Vous ne vous sentez pas trop seuls là-bas ?" Pourtant, en neuf ans, nous ne nous sommes pas sentis isolés, au contraire. Tout d'abord, de nombreuses connaissances sont venues séjourner à la ferme pour diverses raisons, de quelques jours à plusieurs mois. Enthousiasmés par le projet, Pascal et Anne-Lise, nous ont aidés à mettre en route nos premiers chantiers avant de poursuivre leur chemin vers d'autres lieux collectifs. Simon a expérimenté une activité de petits fruits et installé pendant deux ans une yourte dans notre jardin. Quand la ZAD de Notre-Dame-des-Landes a été évacuée, nous avons accueilli en "base arrière" des copines et copains dont les maisons et les cabanes avaient été détruites ou brûlées, en attendant que la situation se calme. Et puis les liens avec des gens du coin se sont construits. En plus des personnes qui séjournaient ou venaient nous rendre visite à la Châtaigneraie des Landes, le réseau de nos ami·es s'est étoffé. Nous avons donné des coups de main dans les chantiers alentour : rénovations de maison, montage de serres, organisation des portes ouvertes de fermes voisines. Nous avons également bénéficié d'une grande aide pour la rénovation du lieu qui accueille aujourd'hui le café librairie et pour la mise en œuvre du jardin et des cultures. Nous avions tant de gens à remercier. Alors des pauses-café, des apéritifs, des grandes tablées qui durent jusqu'au soir, il y en a eu. Et cette convivialité, cette énergie humaine incroyable, a nourri notre projet bien au-delà de nos espérances.

L'arrivée de notre fille a changé nos rythmes et limité notre disponibilité, mais même avant cela, les moments où nous n'étions que tous les deux à la ferme étaient très rares. Le nombre de gens qui passent à l'improviste, le temps que l'on consacre à ces visites, surprend toujours nos ami·es urbain·es en visite : "Ça ne vous dérange pas ? Les gens n'appellent pas avant de passer ?" Une fois encore, il s'agit d'un rapport au temps et à la mobilité totalement différent. En aucun cas, voir un·e ami·e ne va "nous déranger" dans la mesure où notre travail s'organise de manière plus souple. Ce qui n'est pas fait maintenant le sera bien un peu plus tard. Et si l'urgence se fait sentir, celui ou celle avec qui nous buvons tranquillement une tisane nous viendra sûrement en aide.

Dès le commencement, nous avions convenu que le chemin était aussi important que la destination. Nous avons vu tellement de gens perdre des plumes dans la réalisation d'un chantier ou d'un projet qui leur tenait à cœur : des couples ou des associations qui se séparent, des blessures, des accidents de chantier. À quoi servirait ce beau projet si nous avions perdu en route tous·tes celles et ceux qui ont contribué à le voir naître ? Alors bien sûr, il a eu des déconvenues, des coups durs, mais dans les moments difficiles comme dans les moments heureux, nous avons toujours tâché de vivre les choses pleinement et de laisser la porte ouverte aux ami·es de passage ! Ce sont eux qui nous ont soutenus dans la difficulté, notamment en 2018 quand le genou d'Adrien a cassé en pleine saison, et qu'il a fallu ensuite adapter son poste de travail à son handicap. Notre résilience repose sur l'entraide et le soutien de toute une communauté. »

LE LIEN À LA NATURE

Si le lien à la nature est un atout indéniable de la vie à la campagne, celui-ci est plus profond qu'il n'y paraît. Les jardins et les champs ne sont pas des zones sauvages, ce sont des espaces naturels apprivoisés. Évidemment, le calme, la lumière et la verdure à perte de vue contribuent à un environnement plus serein. Je ne compte pas les matins où je me suis émerveillée devant le lever de soleil sur le champ ou la forêt voisine. Sortir d'une journée de travail et passer du temps à jardiner, à récolter les légumes que l'on va consommer le soir, à se promener dans les bois, le long des rivières, à observer les animaux, sont des plaisirs simples et largement partagés.

Toutefois, une vie ancrée à la campagne fait naître en nous un lien à la nature qui va bien au-delà de ça et nous rappelle notre juste place. Nous faisons partie intégrante du vivant, nos instincts sauvages sont tapis en nous. Observer la nature est une première étape, vivre en pleine harmonie avec elle est la clé de l'épanouissement. Il s'agit d'éprouver la saisonnalité et les rythmes naturels. Notre corps n'a pas les mêmes besoins en été ou en hiver, notre sommeil et notre appétit sont affectés par l'alternance jour-nuit et les températures. En passant plus de temps à l'extérieur tout au long de l'année, cette cyclicité s'accentue et favorise une santé de fer si l'on sait l'écouter. Couplée à une meilleure alimentation et davantage d'activité physique, l'écoute de notre caractère naturel contribue réellement au bien-être.

« En nous formant à l'agriculture biodynamique, nous avons appris à regarder autour de nous. L'approche holistique, c'est-à-dire globale, que défend la biodynamie a été un vecteur de notre éveil à la multitude d'informations qui sont à notre disposition dans la nature pour mieux comprendre notre corps, notre terre, nos cultures. Nous avons appris à observer la lune chaque jour (croissante, décroissante, distance avec la Terre), mais aussi les autres planètes du système solaire et les constellations qui nous entourent. La lune est un astre phénoménal, responsable des marées. Comment ne pas imaginer l'influence qu'elle peut avoir sur nous qui sommes constitués d'eau à 80 %. Je peux dire aujourd'hui sans hésitation à quel stade lunaire nous en sommes. J'ai appris à le comprendre et à le ressentir intimement, notamment parce que cycles menstruels et cycles lunaires sont liés[43]. La saisonnalité et les rythmes solaires sont également très influents. J'ai longtemps pensé que j'avais besoin de huit heures de sommeil pour être en forme, mais en réalité cela n'est vrai qu'en hiver. En été, mes besoins sont moindres.

---

43. L'approche de l'écoféminisme peut être utile aux femmes pour mettre des mots sur leurs sentiments profonds et les aider à écouter leurs intuitions. Lire l'ouvrage de référence en la matière : *Miranda Gray, Lune rouge – Les forces du cycle féminin*, Macro éditions, 2017, coll. Le jardin d'Ève.

Je me réveille en forme à l'aube, vers six heures, et sans réveil, ce qui serait totalement impensable en hiver. Néanmoins, il m'a fallu du temps pour l'appréhender. »

Finalement, ce qui est important dans ce lien à la nature, c'est de se sentir partie prenante de ce qui nous dépasse. De ce sentiment intime naissent le respect et l'envie de la protéger. Dans son ouvrage *La peur de la nature*[44], François Terrasson évoque ce rapport ambigu que nous entretenons avec les espaces sauvages. Pourquoi a-t-on plus peur d'être seul·e en forêt la nuit que dans une rue en ville, quand statistiquement les risques auxquels on s'expose sont bien moindres ? Il existe une peur primaire qui mène les humains à domestiquer ou à corriger la nature pour se

44. François Terrasson, *La peur de la nature*, Sang de la terre, 2007, coll. La pensée écologiste.

rassurer. En venant vivre à la campagne, on se confronte parfois plus directement à sa part hostile : incendies, animaux ou phénomènes climatiques qui ravagent les cultures, etc. Et comme tous, en prenant possession d'un jardin ou d'un champ, on va couper, « nettoyer », dessiner l'espace naturel tel qu'on l'imagine, tel qu'on l'idéalise, et tenter de dompter sa part sauvage, souvent sans succès. Une des leçons de la permaculture ou du jardin punk, tel que le décrit Éric Lenoir[45], c'est d'apprendre à faire avec l'existant, de changer notre regard et finalement de chercher notre place dans ce système.

L'ACCÈS À LA CULTURE

Souvent présentée comme manquante en zone rurale, l'offre culturelle ne doit pas être l'apanage des villes, bien qu'elle en soit un atout spécifique. Nous pouvons faire des campagnes des espaces de culture vivante, non seulement en y apportant des formes de culture considérées habituellement comme urbaines, mais aussi en redonnant légitimé et noblesse à la culture endémique. La ruralité ne manque pas d'atouts spécifiques à faire valoir. Le rapport singulier au temps et à l'espace impulse la création artistique. De nombreuses compagnies de spectacle vivant, par exemple, sont implantées en zone rurale. Elles y créent leurs décors et leurs spectacles, mais s'y produisent peu : manque d'infrastructures, faible fréquentation. Il faudrait booster les budgets attribués à la culture en campagne – actuellement proches du néant – afin d'obtenir des aides financières et de pouvoir multiplier les espaces de création et de représentation. Cela ne peut se faire sans volonté politique, car aujourd'hui, les organisations qui mobilisent les fonds disponibles sont en ville et captent toutes les ressources.

« Depuis notre arrivée, nous avons pu constater l'engouement pour les projets dits de "décentralisation" culturelle. Un partenariat entre le Théâtre National de Bretagne (TNB) et des structures d'accueil, comme notre café librairie, des mairies ou des écoles, a par exemple permis des représentations de théâtre et de danse en dehors des espaces habituels. Le public est au rendez-vous, les artistes apprécient ces échanges et le dépaysement ».

Cette culture « légitime », qui se déplace, soit la Culture avec un grand C, c'est la culture des villes. Il existe toutefois, en parallèle, une culture spécifiquement rurale à développer. Ancrée dans un patrimoine oral et écrit, celle-ci innove et crée au quo-

45. À lire et à mettre en œuvre au plus vite : Éric Lenoir, *Petit traité du jardin punk*, Terre vivante, 2018, coll. Champs d'action.

tidien à partir de ses racines. À la campagne, le rapport à la culture est moins consumériste, moins passif. Les veillées, les bals ou les très nombreuses associations de théâtre témoignent de cette envie de vivre la musique, le théâtre et la danse autant que d'en être spectateur·trice. Les espaces privés et intimes ouvrent volontiers leurs portes : concerts et lectures peuvent être proposés chez des particuliers. Le public est informé par le bouche-à-oreille. Dans ce cadre intime, la proximité entre l'artiste et l'auditoire est très différente de ce qui existe dans les espaces institutionnels. Il y a, dans cette manière de vivre la culture, un immense potentiel à explorer. C'est sans doute déstabilisant pour les créateurs et les créatrices, mais également très riche et stimulant. Faire avec, plutôt que faire pour, s'ancrer au territoire et, une fois encore, vivre autrement l'espace et le temps.

VIE PROFESSIONNELLE ET VIE RURALE

Nous avons vu que l'emploi était le facteur le plus bloquant dans la mobilité géographique. L'image que l'on a de la néoruralité ne traduit pas son immense diversité. Encore aujourd'hui, on parle bien plus des projets agricoles et artisanaux très alternatifs que des urbain·es qui se décident à partir à la campagne sans nécessairement entreprendre.

La ville et l'exode rural ont apporté un dogme nouveau, celui de la dissociation entre vie personnelle et vie professionnelle. Le travail des femmes a également été révolutionné. Pourtant les dérives du travail (harcèlement, *burn-out*) montrent qu'on ne laisse pas si facilement ses soucis au bureau. Cette dichotomie est loin d'être effective, la frontière est perméable.

L'exode urbain n'implique pas de retourner à ce qui existait avant l'exode rural. En posant leurs valises à la campagne, les jeunes générations apportent avec elles leurs valeurs, leurs rêves, leurs grilles de lecture – l'idée étant de ne plus se tuer à la tâche pour tout juste parvenir à payer un loyer exorbitant. Cette prise de recul face au travail impliquera nécessairement des tensions, des débats et des ajustements.

Encore aujourd'hui, pour les ruraux, la charge symbolique du travail est très forte. La capacité d'un homme, surtout, à trouver du travail, à garder son emploi et à développer un réseau à travers cet univers est le socle de sa réputation et de sa valeur dans le groupe[46]. Quand on cherche à remettre en cause cette représentation, quand on interroge le rapport au travail, on s'expose inévitablement au jugement des locaux. Aussi, la sphère professionnelle sera le lieu d'interactions riches et précieuses, un espace où les ruraux nés et ayant toujours vécu sur le territoire retrouvent celles et ceux qui sont revenus (après être partis étudier ou travailler ailleurs) et rencontrent les plus fraîchement débarqués. Les cultures et points de vue se confrontent autour de la « valeur travail », tous échangent et s'adaptent.

Il subsiste une image désuète de l'emploi rural – perçu comme strictement agricole ou ouvrier – très éloigné de l'évolution des territoires de ces vingt dernières années. Le vieillissement de la population rurale et la désindustrialisation ont eu un impact considérable. Pour autant, le dynamisme des petites communes en termes d'emploi est largement sous-estimé. Ainsi, 35 % de la population française vit en zone rurale où l'on trouve 36 % des emplois ! En outre, à la campagne, la croissance de l'emploi est supérieure aux tendances constatées en ville, y compris pour des postes de cadre. Quant à la répartition sectorielle, elle évolue également : actuellement, seulement 10 % des emplois en zone rurale sont liés à l'agriculture et 20 % à l'industrie[47]. La ruralité s'est donc largement tertiarisée.

La façon d'entreprendre a aussi ses spécificités avec une surreprésentation de l'économie sociale et solidaire. Ainsi, l'ESS représente à la campagne 13,8 % de l'emploi total et 17,7 % de l'emploi du secteur privé, contre respectivement 10,5 % et 13,9 % dans le reste du territoire national[48]. Les campagnes ont aujourd'hui besoin de toutes les compétences : santé, services à la personne, secrétariat, ingénierie technique et de projet, comptabilité, et même *community management* ou développement web. Il est donc loin d'être indispensable de souhaiter devenir paysan·e ou artisan·e quand on choisit l'exode urbain.

À noter également qu'un grand nombre de ruraux font le choix de la pluriactivité, qu'elle soit saisonnière ou continue. Dans le monde agricole, la double activité est traditionnelle. Elle peut être liée à un savoir-faire artisanal (coutellerie, saboterie, vannerie, dentellerie) ou, de nos jours, avoir une activité industrielle.

---

46. Benoît Coquart, *Ceux qui restent*, La découverte, 2019. Proposant une analyse sociologique des exclus de l'exode rural, cet ouvrage profond et passionnant est un outil de compréhension de la communauté qu'on intègre en tant que néorural, et le contrepoint nécessaire sur l'exode urbain.

47. Lire le dossier très détaillé du mensuel de l'Association des maires ruraux de France : « L'emploi : la face cachée du dynamisme des campagnes », *36 000 Communes*, novembre 2018, n° 360.

48. Étude TRESSONS ESS et ruralité, *L'économie sociale et solidaire dans les territoires ruraux*, CNCRESS, juin 2019.

Par contrainte économique ou pour un équilibre de vie, de nombreux exploitants sont aujourd'hui double-actifs et le déclarent. Les cadres juridiques de la Mutualité sociale agricole le permettent. C'est d'ailleurs un bon argument pour éveiller de nouvelles vocations : l'installation progressive de personnes non issues du monde agricole est ainsi rendue possible. Elles ont l'opportunité de prendre pied dans leur projet paysan, étape par étape, tout en conservant en partie leur vie professionnelle d'avant.

Pour les pluriactifs non agricoles, la question est plus complexe et souvent synonyme de précarité. Toutefois, des coopératives d'activité et d'emploi se saisissent de la question et accompagnent désormais les porteur·ses de projet, en garantissant des droits et un statut aux salariés qui les rejoignent.

Il est urgent qu'émerge de manière visible cette ruralité 2.0 qu'élu·es et habitant·es appellent de leurs vœux. La mise en place, dans les zones rurales, de solutions techniques pour permettre l'accès à Internet à haut débit a désenclavé efficacement de nombreux territoires.

Si la France est en retard sur ses voisins européens concernant la mise en place du télétravail, il faut espérer que sa généralisation à l'heure du confinement ait débloqué les mentalités. Nombre de tâches peuvent en effet être effectuées à distance. Ainsi, de plus en plus d'urbain·es pourraient envisager de partir sans être contraint·es de changer d'employeur. Pour les indépendants, la situation est *a priori* plus simple. Il leur suffit, pour sécuriser leur départ, d'entretenir leur réseau actuel, tout en effectuant, s'ils le souhaitent, une transition progressive vers une clientèle de proximité.

La ruralité nécessite de penser l'emploi de manière moins enclavée, moins sectorielle. Arriver sur un territoire, aller à la rencontre du tissu économique, créer des connexions, permet de développer un réseau d'une manière significativement différente de ce qui se fait traditionnellement en milieu urbain (réseaux sociaux professionnels, carnet d'adresses, etc.). De ces rencontres naissent des projets, des opportunités différentes. C'est là le cœur du potentiel d'innovation sociale de la ruralité. Un peu partout sont initiés des espaces de coworking ruraux, des groupements d'employeurs et des outils de portage salarial. Avec ce type de dynamiques collectives et coopératives, on lutte efficacement contre la forte crainte de l'isolement au travail. Ce dynamisme est notamment véhiculé par l'émission *Carnets de campagne* de Philippe Bertrand sur France Inter ou le magazine *Village* qui font la part belle à l'économie sociale et solidaire et aux initiatives qui naissent sur les territoires. Ces médias mettent l'accent sur le potentiel des campagnes à vivre l'emploi autrement.

DÉPLACEMENT ET MOBILITÉ

Passer son temps en voiture à la campagne n'est ni une fatalité, ni une obligation. Si l'on a des enfants ou des ados, que l'on cumule loisirs et sorties et que l'on ne pense pas à s'organiser pour faire ses courses, on en vient effectivement très vite à faire un paquet de kilomètres. Toutefois, entre un hameau isolé et un petit village avec école, boulangerie, marché et pharmacie, la situation n'est pas la même. Dans les territoires, diverses solutions se mettent en place à l'initiative des citoyen·nes ou des collectivités. Aux commerces de proximité, viennent s'ajouter les groupements de producteurs bio, qui proposent à la commande des fruits et légumes frais ou transformés, des colis de viande, de la bière, etc. Pour les trajets quotidiens, la vision individualiste de la voiture laisse de plus en plus souvent place au covoiturage et à la mutualisation des véhicules. Les modes de transports doux se développent également : vélos, vélos à assistance électrique (pour les régions à relief accidenté notamment), vélos collectifs pour le ramassage scolaire, voies cyclables sécurisées, etc. Toutefois, à la campagne, il est indéniable qu'entraide et débrouille sont encore les mots d'ordre en matière de déplacement.

© S'Cool Bus

Depuis 2016, les écoliers de l'agglomération Seine-Eure profitent du ramassage scolaire en S'Cool Bus.

Si l'État et les élu·es locaux·ales se penchent sur la mise en place de services à la demande, comme l'autopartage ou les services de location, l'offre est encore expérimentale.

Il y a cinq ans, Anne-Gaëlle et Eddy Giraldès ont quitté Paris avec leur fille, âgée à l'époque de quatre ans, pour venir habiter à Sixt-sur-Aff où Anne-Gaëlle passait ses vacances quand elle était enfant. Eddy est musicien et se déplace souvent pour ses concerts, elle est sophrologue et professeure de yoga. En arrivant, ils n'avaient ni ami·es ni famille sur place et ce qui les rendait si singuliers au village, c'est qu'ils n'avaient pas le permis de conduire et donc pas de véhicule. L'arrivée d'un deuxième enfant et ces années passées dans notre commune n'y ont rien changé. J'ai demandé à Anne-Gaëlle de témoigner de ce choix – car c'en est un – de vivre à la campagne sans voiture.

« Au départ, c'était évidemment un état de fait. Vivant à Paris, nous n'avions ni le besoin ni l'envie d'avoir une voiture. Si nous quittions la ville, c'était pour vivre simplement, être autonomes autant que possible, cultiver notre jardin et consommer local. Il ne s'est passé que quelques mois entre notre décision de partir et notre arrivée à Sixt-sur-Aff. J'ai pu quitter mon poste de directrice de crèche grâce à une rupture conventionnelle, laissant derrière moi un bon salaire, mais partant avec une certaine sécurité pour reconstruire une vie sur des bases nouvelles. Notre objectif était d'avoir du temps pour notre fille Ivy-Donna (Bliss n'était pas encore née) et de nous mettre au vert. En tant que parents, nous voulions être en phase avec ce que nous souhaitons transmettre. Une visite au musée ne remplace pas un quotidien en lien avec la nature.

En arrivant, nous nous sommes adaptés aux contraintes de cette nouvelle vie. Eddy parcourait à vélo, avec une petite remorque, les 12 kilomètres qui nous séparaient du supermarché le plus proche. Rapidement, nous avons constitué un réseau de solidarité pour nous déplacer et la mobilité en voiture individuelle n'a plus été une question. En pratique, ce type de fonctionnement implique de changer son rapport à l'immédiateté. De quoi a-t-on vraiment besoin "tout de suite"? En ce qui nous concerne, nous nous adaptons et profitons des voyages en fonction des déplacements des personnes avec qui nous covoiturons. Nous sommes dans une logique d'échange matériel, d'échange de services, qui est aussi et surtout une manière de créer du lien.

Henriette, par exemple, nous a beaucoup aidés. Cette octogénaire dynamique tenait le café "Chez Pesto" au centre du bourg, où je suivais mes parents quand j'étais enfant et que nous venions en vacances par ici. C'est elle qui m'a accompagnée à la maternité pour

© Famille Giraldès

La famille Giraldès dans leur jardin à Sixt-sur-Aff : Anne-Gaëlle, Eddy et leurs filles Ivy-Donna et Bliss.

la naissance de Bliss, c'était un moment incroyable. Henriette, Annette et Marie-Paule nous ont proposé leur aide et le lien qui s'est créé entre nous, dans ce schéma d'entraide, est solide et précieux. Les retraités sont souvent ceux qui sont de fait les plus disponibles et qui ont le plus envie d'aller vers les autres. Ces relations intergénérationnelles sont finalement assez rares. Nous avons vraiment le sentiment d'avoir constitué une nouvelle famille. Nos liens sont très forts. Nous n'échangerions cela pour rien au monde et sûrement pas pour une voiture individuelle. De toute façon, aujourd'hui, la question ne se pose plus, c'est en dehors de nos valeurs. Ce serait comme manger à nouveau de la viande après des années de végétarisme !

Souvent, ce qui bloque les gens, c'est l'impression de devenir dépendant. Mais l'autonomie rurale repose sur l'entraide. Il faut être capable de lâcher-prise. Demander ou accepter de l'aide, ce n'est pas tabou. Les vraies urgences sont rares. La plupart du temps, nous bénéficions simplement d'un trajet qui aurait été fait quoi qu'il arrive. La sacralisation de la voiture est un phénomène culturel assez récent. Il est possible d'inventer d'autres manières de fonctionner. »

En tant que protagonistes de l'exode urbain, nous avons un rôle clé à jouer dans l'évolution du lien ville-campagne. Si on veut renverser la donne en termes de légitimité, de « désirabilité » des territoires, il n'est pas question de fuir et de tourner simplement le dos à la ville. Au contraire, notre rôle est ensuite de créer des ponts, de permettre des rencontres et d'accompagner le changement de regard sur les campagnes. Plus encore aujourd'hui où les frontières sont floues entre ville, zones périurbaines et zones rurales, l'enjeu n'est pas d'entretenir un clivage, mais bien de créer des opportunités.

4

REPENSER L'ANTAGONISME VILLE/CAMPAGNE

UNE AUTRE RURALITÉ EST POSSIBLE

S'il faut « déconstruire » notre regard figé sur la ville, il s'agit dans un même mouvement de penser autrement la ruralité. La campagne d'avant l'exode rural n'existe plus. L'exode urbain implique donc nécessairement d'imaginer quelque chose de nouveau et de le construire collectivement.

Il existe deux images antagonistes des espaces ruraux. D'un côté, la campagne évoque la douceur de vivre, le calme, la nature, un rapport plus attentionné au temps, au cycle des saisons et aux liens entre les générations. Cette campagne est un rêve, une représentation à mi-chemin entre le *Regain* de Giono et les tableaux des impressionnistes qui alimentent sans fin l'espoir d'une vie plus sereine pour des milliers d'urbain·es. C'est elle qu'on s'offre entre parenthèses, le temps d'un week-end de quiétude. Une expérience qui parfois nous fait envisager de poser définitivement nos valises, tant le chemin du retour vers la ville se fait la mort dans l'âme.

D'un autre côté, la campagne est paradoxalement vue comme cette « cambrousse » que l'on dénigre, cet espace oublié des politiques d'aménagement du territoire où se côtoient misère sociale et abandon administratif, où les élu·es se disputent en vain l'accès hypothétique aux nouvelles technologies. C'est un espace sans progression sociale, sans accès à la consommation de masse, coupée des réseaux, sans offre culturelle, parfois même sans habitant·es. Cette représentation peu réjouissante est celle que l'on intègre, dès l'école primaire, en étudiant la fameuse diagonale du vide. C'est aussi celle que transmettent parfois les grands-parents voire les parents, qui les premiers ont quitté les zones rurales pour s'installer en ville, faisant preuve d'une réticence farouche à revenir sur leurs pas. Cet antagonisme largement alimenté dans l'après-guerre n'a plus lieu d'être.

Aujourd'hui, c'est à mi-chemin entre ces deux archétypes qu'il faut chercher un semblant de vérité. Tout comme la ville, la campagne est plurielle. Les zones rurales de demain seront ce que l'on en fera. Existe-t-il une voie médiane ? Celle d'un espace ouvert et inclusif qui respecte les individus et leur donne une place dans la communauté, qui les reconnaît tout en leur offrant la possibilité d'être eux-mêmes ? Une réalité dynamique et mouvante, loin de la campagne carte postale ? Tout l'enjeu de l'exode urbain est de réajuster l'image de la ruralité, de modifier le rapport de force entre villes et campagnes, de faire valoir nos droits et notre rôle de citoyen, en agissant au quotidien pour les territoires ruraux et celles et ceux qui y vivent.

L'EXODE URBAIN PEUT CHANGER LES CAMPAGNES

Certes, il subsiste en zone rurale des poches de pauvreté où l'habitat est ancien et insalubre, les services inexistants. Les difficultés rencontrées parfois par les habitant·es des petites communes sont réelles : l'accès aux soins ou à l'emploi, la dépendance à la voiture individuelle, etc. Il est possible d'y remédier, notamment par les effets de seuil. Dans toutes les communes rurales, le solde démographique est une obsession et l'arrivée de nouveaux habitant·es un réel enjeu, puisqu'il permet de maintenir, voire d'étendre les services : école, Poste, maison de santé, commerces, associations, transports en commun, maternité de proximité… Plus nous serons nombreux à vivre à la campagne, plus nous serons entendus et pourrons faire valoir un nécessaire rééquilibrage des politiques et des budgets en direction des territoires.

Il faut comprendre que les néoruraux s'engagent activement pour la transition, pour la construction d'un avenir durable et désirable, bien au-delà du maintien des services minimums. En choisissant l'exode urbain, vous devenez le levier de profonds changements quant aux manières de vivre la campagne. Vous apportez également une bouffée d'air culturelle et intellectuelle. Le rapport à la différence et à l'altérité des urbains gagnerait à ensemencer les campagnes, afin de lutter contre les discriminations liées au genre, à la couleur de peau ou à l'orientation sexuelle, qui poussent encore de nombreuses personnes à quitter ou à éviter les campagnes.

Si l'accueil de nouveaux arrivants peut générer des inquiétudes, on peut être rassuré et optimiste en observant les zones rurales ayant connu un regain démographique au cours de ces dernières années. Prenons l'exemple de la Dordogne, où près de dix mille citoyens britanniques en quête de verdure et de belles pierres ont élu domicile : la cohabitation se passe très bien. À Eymet, commune qui se revendique comme étant « la plus british de France », ces expatriés néoruraux représentent 10 % de la population. En ouvrant des commerces, des chambres d'hôtes, en intégrant le conseil municipal, ils ont trouvé une place, créé de nouvelles opportunités dans des bourgs en déclin, valorisé un patrimoine bâti à l'abandon. Tout cela contribue à véhiculer une image positive de leur arrivée sur le territoire et de leurs projets et facilite grandement leur intégration.

Car, plus que la gentrification, le risque lié à l'arrivée de nouvelles populations en zone rurale est l'artificialisation des sols. En effet, le phénomène de gentrification évoqué pour les quartiers délaissés des villes n'est pas inquiétant à la campagne, en dehors des zones de tension comme le littoral. Il y a souvent beaucoup trop de biens à vendre par rapport au nombre d'acheteurs. L'accès de nouveaux arrivants au foncier ne chasse donc pas les résidents déjà installés. Toutefois, si le mouvement d'exode urbain venait à s'amplifier largement, les communes pourraient être tentées de modifier leurs plans d'urbanisme pour faire pousser des logements neufs et lotissements sur les terres agricoles et donc d'urbaniser les campagnes. Pour lutter contre ce risque, il est nécessaire d'imaginer un accompagnement, voire un encadrement de la croissance démographique des communes rurales par la puissance publique. Valoriser la rénovation de l'ancien, préserver le patrimoine bâti est essentiel. C'est une responsabilité sociétale et écologique, d'autant que nombre de maisons neuves ont une durée de vie plus courte et sont une gabegie environnementale à moyen terme.

Quelle politique mettre en œuvre pour permettre un exode urbain équilibré, équitable et réellement positif au long terme pour l'ensemble des acteur·rices des territoires ?

LA POLITIQUE D'ÉGALITÉ DES TERRITOIRES

Voilà une question à la fois citoyenne et politique, qu'il est urgent et indispensable d'aborder. L'égalité des territoires est le parent pauvre de l'aménagement, qui concentre systématiquement ses moyens sur l'urbain et le périurbain au lieu de travailler à grande échelle pour faciliter les déplacements, l'accès à la santé, réduire la fracture numérique, etc. Revoir cette politique est donc indispensable.

L'utopie du Conseil national de la Résistance de l'après-guerre était d'amener l'eau courante et l'électricité dans chaque village, dans chaque maison, de permettre à chacun·e de vivre décemment. Cet objectif s'est étiolé. Les coupes de budget, venant s'ajouter au sentiment que le mouvement d'exode rural était inexorable – et que les investissements se feraient à fonds perdu – ont bloqué les initiatives. Petit à petit, les territoires ruraux ont dû accepter d'être traités avec une égalité conditionnelle. Notamment en appliquant les mêmes logiques de concentration qu'aux aires urbaines, menaçant l'habitat traditionnel plus dispersé. Ainsi, puisqu'il est trop coûteux d'amener flux et services à chaque village ou petit hameau, on engage une centralisation, un regroupement à toutes les échelles, abandonnant et reléguant à dessein des zones entières à la production agricole, avec pour objectif d'induire un mouvement vers les bourgs proches plus desservis. Cette logique a été partagée, y compris par des écologistes, avec comme objectif de réduire les déplacements, de densifier les bourgs. Le résultat est triste : le patrimoine bâti est délaissé au profit de l'artificialisation (les lotissements champignonnent) et la qualité de vie des habitant·es est altérée.

Il n'est pas question de se battre en vain pour une égalité numérique inopérante. Il nous faut défendre l'équité. L'exemple des transports est sans doute le plus éclairant. Proposer à la campagne un service de transport public équivalent à celui des villes, comme des lignes de bus fixes avec des passages toutes les vingt minutes en heures de pointe et toutes les quarante minutes le reste du temps, serait financièrement et écologiquement absurde. Tâchons plutôt d'imaginer comment offrir un service de mobilité au plus grand nombre sur chaque territoire, en fonction de sa sociologie, sa démographie et ses infrastructures.

CE QUE LA LOM1 A CHANGÉ

La loi d'orientation des mobilités, promulguée fin 2019, réforme le cadre des transports en intégrant les enjeux environnementaux et ouvre de nouvelles perspectives. L'un des objectifs fondamentaux est de faire disparaître les zones blanches, c'est-à-dire non couvertes en termes de mobilité.

Depuis 2017 et la loi NOTRe, la région est l'institution incontournable de l'organisation des transports en milieu rural, l'autorité compétente pour les TER, les cars interurbains et les transports scolaires pour tous les territoires ne se situant ni dans une communauté urbaine ni dans une communauté d'agglomération. Jusqu'à la LOM1, les communautés de communes pouvaient exercer la compétence transport à titre facultatif, mais peu ont choisi de le faire en raison de fortes contraintes financières. La LOM1 est venue bouleverser ce paysage en leur permettant d'exercer la compétence mobilité en subsidiarité des régions, mais aussi en créant des instances de dialogue territorial, qui devraient aboutir sur des facilités financières et, espérons-le, des solutions de mobilité plus adaptées à la ruralité.

Les collectivités territoriales peuvent ainsi organiser des services tels que l'autopartage, le covoiturage, le transport à la demande. Les communautés de commune rurales peuvent désormais initier des projets, individuellement ou collectivement. Ainsi, émergent déjà des idées faisant la part belle à l'innovation technologique (applis de géolocalisation), conceptuelle (transports à la demande type taxi-brousse, autopartage) et sociale, intégrant par exemple les initiatives citoyennes préexistantes.

Parfois les budgets de développement des zones rurales sont là mais, par méconnaissance, sont fléchés ou conditionnés de manière incohérente, voire ne sont pas utilisés. Le Fonds Européen Agricole pour le Développement Rural (FEADER)[49] en est un exemple édifiant. Début 2019, sur les sept cents millions d'euros alloués par l'Europe pour le développement des territoires ruraux sur la période 2014-2020, seulement vingt-huit millions d'euros avaient été effectivement attribués. État et régions se renvoient la faute, des choix absurdes, concernant notamment les logiciels de traitement des demandes, ont rendu impossibles les montages de dossiers et le versement effectif des aides. Ce sont autant de projets qui n'ont pu émerger.

49. Claudia Cohen, « Développement rural : des millions d'euros d'aides européennes bientôt perdus », Le Figaro, 17 janvier 2019.

Dans le même temps, les élu·es des zones rurales n'ont plus qu'un mot à la bouche : le marketing territorial. Ce concept critiquable applique les lois du marché aux politiques territoriales. Les usagers, qu'ils vivent, travaillent ou visitent le territoire sont considérés comme des clients. Il faut « vendre » sa commune, tirer partir de ses « avantages comparatifs »[50], capter les ressources (l'argent public) et, bien sûr, se positionner en force. Cette logique de concurrence mortifère des territoires est clairement imposée par l'État. Face à la désertification des campagnes, il faut des perdants et des gagnants. Voilà le résultat d'une politique jacobiniste assumée qui visait à concentrer les humains en zone urbaine et à laisser les campagnes à l'agriculture industrielle, les considérant comme un simple outil de production.
Il est impératif de s'opposer à ce modèle. Chaque espace a ses atouts et ses contraintes. Le changement climatique, par exemple, rebat les cartes de la tendance des années 2000 à l'héliotropisme. Si de nombreux retraités ont fait le choix de partir dans le sud de la France, la succession d'épisodes caniculaires, la sécheresse et les feux de forêt font désormais réfléchir les candidats au départ, qui regardent d'un œil nouveau la Creuse ou le Morvan.

On attend trop souvent de « Paris » un intérêt porté aux campagnes, l'allocation de budgets, la prise en compte des contraintes et des réalités rurales. L'infériorité numérique nous rend sans doute moins audibles. Néanmoins, le mouvement des gilets jaunes a mis en évidence le mépris envers la population rurale – majoritairement issue des classes populaires – de celles et ceux qui sont aux responsabilités. Ce clivage a rappelé qu'il existe bien une domination symbolique. C'est donc également contre ce *rural shame* (« honte rurale ») qu'il faut lutter. Refuser la concurrence des territoires, s'organiser pour faire entendre la pluralité des situations qui existent, et de fait le nombre infini de solutions à inventer. Il faut contraindre les pouvoirs publics à faire confiance aux élu·es et aux citoyen·nes pour construire l'avenir des campagnes dans le respect des spécificités de chaque lieu. Fédéralisme et subsidiarité sont de vilains mots pour nos politiques obsédés par la centralisation. Pourtant, rapprocher le pouvoir de celles et ceux qui sont à même de l'exercer de façon juste, c'est essentiel pour la démocratie.

La campagne peut et doit vivre. En aucun cas elle ne doit être qu'un outil de production. Réensauvageons-nous, posons nos valises, nos rêves et notre énergie loin de la ville et avant tout soyons fiers d'être ruraux !

---

50. La théorie des « avantages comparatifs » vient de l'économiste britannique David Ricardo en 1917.

RURAL SHAME/RURAL PRIDE

Dans l'inconscient collectif, le paysan est bloqué tout en bas de l'échelle sociale. Le plouc d'hier est resté dans les mémoires. Aujourd'hui encore, une bonne partie des ruraux éprouvent un sentiment de déclassement. Le mépris avec lequel « la province » a longtemps été traitée dans les médias et les discours des politiques a laissé des traces et le mouvement des Gilets jaunes a conduit à une cristallisation de ce ressenti.

Un des enjeux de l'exode urbain est de modifier en profondeur l'image des campagnes, de permettre à toutes et tous de se sentir fier·es de vivre là, sans se voir accusés de chauvinisme ou de repli sur soi. Pour se sentir à même de partager sa culture et d'inclure l'autre, il faut déjà pouvoir être à l'aise avec son identité.

« J'ai grandi dans cette honte transmise d'être paysan·ne. Ma grand-mère maternelle, fille de vigneron, avait une obsession : mes ongles. Elle possédait tout un tas de petites trousses, dans lesquelles s'alignaient limes, coupe-ongles et ciseaux, qu'elle mettait à ma disposition et m'offrait. "Claire, tu dois avoir les ongles soignés", me disait-elle. Ne partageant pas vraiment cette obsession, je m'accommodais de ces remarques sans en comprendre réellement le fondement. Je lui ai demandé plus tard pourquoi cela avait tant d'importance pour elle, pourquoi je devais avoir honte de mes ongles sales après avoir jardiné ? Et elle m'a expliqué : sa jeunesse à côté de Bordeaux, les filles de la petite bourgeoisie urbaine qui, à l'école ou au bal, côtoient les filles de paysans, comme elle, et ce marqueur social : les mains. Les mains des filles qui travaillent la vigne et le raisin, noircies de terre et de tannins. Sa honte d'être démasquée et durement

renvoyée à sa condition sociale. Aujourd'hui, je pense à elle quand je frotte mes ongles avec une petite brosse, avant d'aller à un rendez-vous, ou quand parfois j'accepte d'avoir les mains marquées par les plantes et la terre et que je m'autorise à vivre comme une fierté ma condition paysanne. »

CITOYEN·NES DES CAMPAGNES

Étymologiquement, le « citoyen », du latin *civitas,* est celui qui habite la cité et bénéficie de droits. Ainsi, le problème se situe à la racine, et ce depuis les civilisations antiques. La ville décide et domine, la campagne endure. Être éloigné·e du pouvoir n'empêche aucunement de le subir. La politique influe sur la vie de celles et ceux qui vivent en périphérie.

L'exode urbain propose d'agir et de renverser cette opposition historique. Quand, en ville, l'élite s'accapare le pouvoir, le sentiment de ne pas avoir « prise » sur les choses est immense. En s'installant à la campagne, il est plus simple de reprendre la main sur son destin de citoyen·ne. Dans un espace à échelle humaine, où l'anonymat est moindre, il existe mille manières de trouver sa place, faire communauté et contribuer.

LA POLITIQUE AUTREMENT

Si vous ne votez pas car, comme je l'ai si souvent entendu « ça ne sert à rien, tous pourris ! », les élections municipales d'une petite commune vous feront peut-être revoir votre jugement sur l'inutilité supposée de ce fameux bulletin de vote et plus encore sur le rôle de nos édiles. Les maires de campagne font preuve d'un engagement total dans leur fonction. Leur action est celle de pairs, de responsables et pas seulement de notables. Nombre de nos ami·es néoruraux.ales décident, après quelques années, de rejoindre le conseil municipal pour participer à la prise de décision, défendre une cause ou porter un projet pour leur commune.

Si vous votez déjà et que vous vous intéressez à la politique, comme c'est mon cas, vous apprendrez à penser dans le consensus plutôt que dans le rapport de force systématique. Le conflit et la violence sont nettement moins omniprésents à la campagne qu'ils ne le sont en ville. C'est ce que relève l'économiste André Torre[51], qui

51. André Torre, « Coq Maurice et autres "bruits de la campagne", une vision fantasmée de la ruralité », *The Conversation*, 25 novembre 2019.

étudie depuis des années les conflits en zone rurale, bien que les médias se plaisent à mettre en avant les querelles dites de voisinage qui finissent par être arbitrées au tribunal : le chant du coq, les vaches qui traversent la chaussée, les cloches de l'église qui font trop de bruit… véhiculant ainsi une image déformée de la réalité. La plupart du temps, les conflits ruraux opposent État ou entreprises aux habitant·es mobilisé·es collectivement pour des questions d'infrastructures ou de modification des plans d'urbanisme. Les vrais défis auxquels la ruralité fait face impliquent de s'organiser et de coopérer entre parties prenantes, parfois très diverses, et non de s'opposer au sein de la même communauté.

« L'impact majeur de la vie rurale sur mon engagement est ce rapport modifié au conflit. En ville, étant écologiste, j'ai toujours été minoritaire en défendant mes idées face à une majorité souvent hostile, parfois méprisante. À Lille, où j'ai siégé en Conseil de Quartier, la politique municipale était finalement très marquée par des enjeux nationaux qui dépassaient de loin les questions que se posaient les habitant·es. À l'inverse, dans une petite commune, on se sent responsable de tous·tes et partie prenante de ce commun. On est alors poussé à agir de manière plus modérée. »

L'ENGAGEMENT SOUS TOUTES SES FORMES

S'engager pour sa communauté, son village, c'est déjà prendre part aux activités qui sont organisées. Rejoindre une association existante ou en créer une amène souvent à s'investir plus largement. Intégrer une équipe de sport collectif, par exemple, peut conduire à participer à l'entraînement des plus jeunes, à organiser les soirées qui permettent de financer le club, etc.

« À Sixt-sur-Aff, nous avons un comité interassociatif. Il est proposé de bénéficier par ce biais de location de matériel ou de salles municipales. On est également sollicité pour participer aux grands évènements de l'année de la commune, qui mobilisent toutes les forces vives, notamment la fête du village et le feu d'artifice qui ont lieu le week-end précédant le 14 juillet. Participer à la préparation des galettes saucisses[52] avec l'association de la Boule sixtine (pétanque) ou le Club des palets sixtins (jeu de palets) a été un important facteur d'intégration et de mise en réseau à notre arrivée. »

On peut également mettre à disposition ses connaissances, ses compétences et le temps libre dont on dispose, selon ses envies et en accueillant la différence avec respect et humilité (animer l'école, créer des ateliers au club des anciens, former

52. Galettes de sarrasin dans lesquelles on enroule une saucisse.

à Internet pour réduire la fracture numérique…). L'installation de néoruraux soulève des appréhensions des deux côtés, les arrivant·es ne voulant pas être considérés comme des «bêtes de foire», les ancien·nes craignant de passer pour des «arriéré·es». Ces espaces d'engagement sont un moyen simple et utile d'aller vers les autres. Au fur et à mesure, les gens échangent, les codes se mélangent.
Face à la solitude ressentie dans des villes surpeuplées, les innombrables moments collectifs et initiatives communes proposées à la campagne sont très précieuses.

«Lors de notre installation, nous avons fait le choix d'une zone rurale plutôt classique. En Bretagne, il existe de nombreux espaces alternatifs comme Trémargat et sa commune autogérée ou Questembert et son réseau paysan bio historique. Toutefois, nous appréhendions d'y retrouver l'entre-soi qui nous pesait en ville. C'est pour cette raison que notre choix s'est porté sur Sixt-sur-Aff. Il y a dix ans, les paysan·nes bio s'y comptaient sur les doigts d'une main et aucun bar alternatif n'existait. Vivant à quarante-cinq minutes de la ZAD de Notre-Dame-des-Landes, nous pouvions nous engager politiquement dans des sphères à l'identité écologiste très marquée, en revanche, chez nous, l'altérité devait primer. Nous avons appris à sortir de notre zone de confort, nous en sommes venus à nous lier d'amitié avec des agriculteurs conventionnels et des chasseurs, sans renier nos convictions, mais sans pour autant porter l'étendard. Aujourd'hui, nous pouvons, parce que nous avons fait le pas vers les autres et que nous avons construit un projet qui profite à notre communauté, afficher un peu plus clairement les couleurs. Quand les gens poussent la porte du café-librairie, c'est gagné, car sur place les échanges se font et c'est bien cela qui est précieux.»

5

ET VOUS, VOUS PARTEZ QUAND ?

Entre la prise de conscience, le rêve et le passage à l'acte, il faut souvent lever un certain nombre de blocages, de préjugés et apprendre à mettre ses peurs de côté. Dans les discussions que j'ai régulièrement à propos de l'exode urbain avec de potentiel·les candidat·es, certaines questions ou remarques sont récurrentes.

L'EXODE URBAIN, C'EST UN RETOUR EN ARRIÈRE !

Vous avez lu les ouvrages de Paul Bedel[53], le héros du fameux documentaire *Paul dans sa vie* et vous rêvez de la France des cartes postales ? Vous avez en tête l'image d'Épinal, de la grand-mère en bottes et blouse à fleurs qui, dès l'aube, part traire à la main les deux vaches qui pâturent devant sa maison ? Vous rêvassez sur le jaune d'or du beurre baratté à l'ancienne que vous étaliez sur les tartines à la gelée de coing de votre enfance ?

Ces images fantasmées nourrissent l'utopie réconfortante d'un retour possible dans le passé. Le tout jeune magazine *Regain* et autant de comptes Instagram associés au #ruralpride véhiculent cette version esthétisante de la ruralité. S'il subsiste dans les terroirs français des traditions et d'authentiques personnages pour les porter, aucun n'est éternel. Les campagnes des années 1930 n'existent plus. L'exode urbain ne consiste pas à revenir aux débuts de l'exode rural, comme on rembobinerait une cassette audio. Ceux qui arrivent aujourd'hui ne sont pas ceux qui sont partis il y a cinquante ans. La campagne n'est pas restée statique : les paysages, les modes de vie et les mentalités ont évolué. L'exode urbain, c'est avant tout aller de l'avant.

En rejoignant une région, une communauté, vous devenez coresponsable de son patrimoine naturel, bâti, culturel, linguistique. Cette diversité est une richesse inestimable qu'il est primordial de conserver, afin de s'opposer aux logiques d'uniformisation qui ont accompagné l'exode rural contraint. Soyez curieux·ses, allez à la découverte de ce qui fait votre territoire ! Les traditions doivent vivre pour se maintenir. Il n'est pas nécessaire d'en être le détenteur·trice ou le légataire direct pour en faire la promotion. Osez aussi dépasser le folklore. Derrière les clichés séduisants, existent des savoir-faire d'hier précieux à acquérir qui pourront devenir les outils d'un avenir plus autonome. C'est l'essence même du mouvement du low-tech[54], à mi-chemin entre valorisation de legs et innovations techniques.

« En ce qui nous concerne, nous avons fait le choix de promouvoir le pommé. Cette tartinade de pomme de Haute-Bretagne est un délice. C'était un moyen de subsistance quand le beurre venait à manquer. La préparation du pommé se fait début novembre : il faut cuire 150 kilos de pommes épépinées, épluchées et coupées en morceaux dans 120 litres de jus réduits au feu, le tout dans une grande marmite pendant vingt heures.

---

53. Une émouvante lecture : Paul Bedel et Catherine École-Boivin, *Testament d'un paysan en voie de disparition*, J'ai lu, 2012.

54. Ouvrage référence à ce sujet : Philippe Bihouix, L'Âge des low tech – *Vers une civilisation techniquement soutenable*, Seuil, 2014, Coll. Anthropocène.

© Martin Bruno

Autour de la préparation du pommé. Christophe, l'ancien propriétaire de notre ferme, « ramaouge » avec Jeanne et Adrien. Transmission et lien intergénérationnel sont la clé de cet événement qui a lieu chaque année en novembre.

Évidemment, il est nécessaire de remuer sans cesse, "ramaouger" comme on dit en Gallo, pour éviter que ça attache et que ça brûle. Il faut donc mobiliser ami·es et voisinage pour se relayer. Cette fête, cette "ramougerie de pommé" est devenue l'un des rendez-vous incontournables de la ferme tous les ans. Hubert et Marie-Claude Laizé, de l'association Les Ramaougeries de pommé[55] nous accompagnent chaque année pour le bon déroulé de la préparation, ce sont nos porteur·ses de savoir. Des bénévoles en nombre se joignent à l'équipe tout au long de ces trois jours pour partager les tâches (éplucher, couper, ramaouger), s'installer autour de grandes tablées et profiter de la traditionnelle veillée chantée et contée du samedi soir. Ces moments si précieux sont inoubliables. Quand se rencontrent les ancien·nes, les voisin·es venu·es prêter main-forte et nos followers Instagram, curieux de découvrir pour de vrai ce qui les fait saliver en image, nous avons le sentiment de remplir notre rôle, celui de construire des ponts et du lien entre habitant·es des villes et des campagnes, de contribuer à transmettre les connaissances d'hier pour mieux construire demain !»

Que vous choisissiez un mode de vie minimaliste et autosuffisant ou un exode 2.0, avec connexion haut débit et déplacements professionnels réguliers, votre chemin sera le reflet de ce que vous êtes, à l'équilibre entre ce qui vous est proposé et ce que vous saurez imaginer. Ce n'est en aucun cas un retour en arrière, c'est une page nouvelle à écrire.

LE RETOUR À LA TERRE ?

Non l'exode urbain n'est pas nécessairement synonyme d'installation agricole. Ce tropisme est dû à une plus forte médiatisation des projets agricoles, dans la mesure où ils répondent à une demande sociale. Sur le papier, le combo permaculture/bottes/chemise à carreau/chien de berger correspond à l'image attendue de la néo-ruralité. Pourtant, il est tout à fait possible de s'installer à la campagne sans devenir paysan·ne. Toutes les compétences sont souhaitées et chacun·e apportera sa sensibilité, ses idées en répondant à un besoin du territoire ou en inventant de nouvelles propositions. Par ailleurs, il faut comprendre que l'agriculture d'aujourd'hui est beaucoup moins segmentée qu'avant.

« Nous faisons partie de ce mouvement de paysan·nes qui ne souhaitent pas "s'enfermer dans leur ferme". Notre projet, depuis le premier jour, est "agri-culturel". Dès notre

55. lesramaougeries.fr

installation, le café-librairie faisait partie intégrante du projet final. L'idée était de créer un espace d'échanges et de convivialité, notamment pour faire découvrir notre métier. Cette envie de désenclaver l'agriculture est de plus en plus partagée. »

D'autres projets existent, couplant par exemple production agricole et centre de formation, atelier de mécanique, distillerie, savonnerie, compagnie de théâtre, atelier de menuiserie, etc. Il est donc également possible de rejoindre des projets paysans, sans le devenir soi-même.

PARTIR SANS PROJET

Nous avons beaucoup parlé des départs motivés par un rêve ou un projet, néanmoins partir sans objectif précis, simplement parce qu'une région, un paysage ou une ambiance vous attire, est tout à fait possible.
L'avantage du départ spontané est d'ouvrir très largement le champ des possibles. Trouver un point de chute est nettement moins compliqué qu'en ville. Les garan-

ties demandées pour une location ne sont pas les mêmes et les loyers moins élevés, voire carrément modiques. C'est l'occasion de découvrir méthodiquement ce territoire qui vous attirait. À la campagne, un grand nombre d'informations ne passent pas par les canaux habituels : presse ou Internet. Bien souvent, le bouche-à-oreille et les groupes de discussions privés (Facebook ou Whatsapp notamment) sont des sources précieuses d'information (ventes de biens immobiliers, disponibilités des locaux, services proposés…). Il est indispensable d'accéder à ces canaux locaux de communication et d'entraide pour s'insérer dans un territoire.

En allant à la rencontre des élu·es, des associations, des entreprises du coin, vous saurez quels peuvent être les besoins, les emplois à pourvoir. Si vous disposez des compétences nécessaires, vous pourrez postuler dans la foulée, bénéficiant du soutien des acteurs de votre territoire, ce qui est un levier de réussite énorme. À défaut, vous pourrez avoir recours aux dispositifs de formation qui existent. Des structures dédiées (chambre d'agriculture, de commerce ou de l'artisanat, par exemple) proposent des accompagnements qui aident à la construction de projets.

ROMPRE AVEC LA VIE D'AVANT ?

Choisir, c'est nécessairement renoncer. Quitter des réseaux de socialisation, interrompre une carrière professionnelle ne sont pas sans conséquences et les habitudes ont la vie dure. J'avoue que j'ai parfois regretté de ne pas pouvoir commander une pizza un dimanche soir. Mais une fois encore, notre génération vivra son exode d'une manière qui lui est propre, donc vraisemblablement connectée, communautaire et créative.

Il faut aussi relativiser ce « grand saut ». On parle certes d'une aventure incroyable, mais peut-être ne se déroulera-t-elle qu'à deux heures de train de votre ancien « chez vous » ? Évidemment, quand on vit dans des groupes sociaux très homogènes, être le premier à partir fait parfois un peu le tri dans le cercle amical. Toutefois, ce n'est en rien comparable avec une expatriation à l'autre bout du monde.

Les réseaux sociaux vont jouer un rôle fondamental dans le maintien des liens. Nous avons toujours communiqué sur notre projet, notre ressenti, nos erreurs, nos doutes, nos réussites. Parfois, après des années d'éloignement, nos chemins ont recroisé ceux d'ancien·nes camarades qui avaient suivi de loin notre aventure et adhéré au projet. Certains nous ont recontactés dans la perspective de se lancer eux·elles aussi. Finalement, la rupture correspond à une vision linéaire des relations humaines et sociales, alors qu'elle peut être temporaire et relative. Il existe en la matière des rythmes bien plus cycliques qu'on ne le croit !

« Nous avons gardé un grand nombre de nos ami·es d'avant qui se sont habitué·es à notre nouvelle vie. Ils ne sont plus surpris de trouver des toilettes sèches dans la maison, savent où jeter le compost ou comment préparer une tisane. Ils connaissent le nom de nos voisin·es et demandent des nouvelles de Paulette, la légendaire tenancière du bar de Pipriac, où nous nous retrouvons avec de nombreux chanteurs et conteurs chaque mois (étape incontournable d'une visite dans le coin). Nous leur avons expliqué notre nouveau chemin de vie. Souvent, ils y ont contribué, en devenant copropriétaires de notre ferme, bien que certain·es aient été extrêmement dubitatif·ves au départ sur notre capacité à réussir ce qu'on avait entrepris. Les rallier au projet, même symboliquement, était l'un des enjeux de la propriété collective.

« J'AI PEUR D'ÉCHOUER »

La peur paralysante communément ressentie avant d'entreprendre est une construction sociale. L'école nous a formatés : « Si tu rates, c'est que tu es nul ». Pourtant, l'échec est un levier essentiel de l'apprentissage. Des échecs, des refus, des désaccords, des déceptions, nous en rencontrons tous régulièrement au cours de notre vie. Être autonome, c'est assumer ses responsabilités et faire face à ses échecs. Je suis bien placée pour savoir que cela ne se fait pas sans douleur. Mais quelle satisfaction quand on parvient enfin à atteindre son objectif après être tombé tant de fois et s'être relevé aussi souvent. C'est ainsi que l'on devient pleinement acteur de sa vie et de ses choix.

La société alimente nos craintes et notre sentiment d'incompétence, voire d'imposture. C'est un gage de docilité. Pour réussir à prendre le contre-pied de cette tendance, il faut repenser à l'enfance, à la manière dont nous avons réussi à apprivoiser nos multiples peurs (du noir, des monstres du placard, du vélo sans roulettes…), à la satisfaction éprouvée une fois ces appréhensions dépassées et au plaisir de découvrir que notre univers s'est élargi. Dans ces moments, l'envie doit prédominer. C'est le meilleur rempart contre la peur.

« JE NE SAIS RIEN FAIRE D'UTILE »

Lorsqu'on envisage l'exode urbain, nos compétences acquises en ville et nécessaires à la vie urbaine nous paraissent soudainement bien inutiles. L'école ne nous a jamais appris à jardiner, à bricoler, à construire notre maison ou à faire notre pain. Il est certain, à la campagne, qu'il vaut mieux savoir couper du bois que de savoir se servir d'une appli de livraison à domicile pour avoir chaud l'hiver. Cependant, tout s'apprend très vite et les tâches rurales quotidiennes également.

Il est ludique, valorisant et en aucun cas humiliant d'acquérir des savoir-faire et de s'autonomiser. Cet immense *empowerment* fait beaucoup de bien à l'égo sans faire de mal à personne, bien au contraire. Vous partagerez bien plus avec celles et ceux qui vous transmettront leurs connaissances, qu'avec vos enseignant·es d'hier. Vous prendrez la mesure au quotidien de ce que vous leur devez. C'est un enrichissement humain réciproque, car vous aurez nécessairement quelque chose à leur offrir en retour, votre reconnaissance en premier lieu. N'hésitez pas également à acheter ou à emprunter des ouvrages pratiques pour accompagner vos expérimentations.

PARTIR SEUL·E OU EN COLLECTIF ?

Si je crois à un exode conséquent, pour l'instant le mouvement en est encore à ses balbutiements. Sauter le pas reste un cap complexe qu'il peut être rassurant de franchir avec des comparses. Alors projet solo, projet de couple, de famille ou projet collectif, comment faire le bon choix ?

« Dans les départs motivés par des engagements militants, la notion de collectif apparaît presque systématiquement. Nous n'avons pas fait exception à la règle. Si la gestion de notre lieu implique une grande part de collectif (cent vingt-six associé·es dans la SCI coopérative qui gère le foncier et une trentaine de membres dans l'association qui porte le café librairie), il s'agit avant tout d'un projet porté par un couple. Toutes nos tentatives pour raccrocher des personnes au noyau dur, tant dans le volet agricole que culturel se sont conclues par un échec. »

Pour mener un projet collectif, il semble donc préférable que le groupe préexiste. Tout seul, on va plus vite (et on s'épuise), ensemble on va plus doucement (et parfois on se fâche). Il n'existe pas de réponse miracle aux écueils des relations humaines. Un projet peut survivre à de nombreux départs s'il est repris par d'autres personnes, mais on réfléchit rarement de la sorte. Il n'est pas simple de dissocier un projet commun de la projection de soi, individualiste, que l'on y fait. Dans notre tête, il est surtout question de notre vie. Parfois, certains projets collectifs échouent et permettent finalement de se lancer seul·e, alors qu'on n'y était pas prêt deux ans auparavant. Démarrer à plusieurs était peut-être simplement une étape nécessaire. Il est important de toujours réfléchir aux statuts et aux outils juridiques qui permettent de rendre sûrs et fluides les éventuels changements de cap au sein du collectif. Il existe aujourd'hui des associations et des guides pour vous y aider.

Construire un projet en couple n'est pas toujours plus simple. Chacun·e a son schéma, ses rêves et attend de l'autre qu'il y réponde. Dans ces moments d'ajustement, on saisit parfois à quel point on vivait côte à côte dans la vie urbaine, mais pas réellement ensemble. Ce qui nous paraissait évident la veille, les fonctionnements, les habitudes, les équilibres domestiques ou professionnels sont bouleversés et remis en cause. Ça décoiffe !

En couple ou en groupe, il est utile de se construire un réseau de connaissances ressources à même de vous conseiller, vous écouter, voire jouer les médiateurs dans les moments de tension ou de doutes.

Si vous êtes seul·e, mais que vous souhaitez entreprendre un départ collectif vers la campagne, deux options s'offrent à vous. La première : créer un groupe en ville *via* votre réseau existant (ami·es ou groupe affinitaire). Il faudra dans ce cas accepter les consensus concernant par exemple le lieu et le moment de départ. En revanche, l'option est réconfortante et plutôt simple à engager. Elle permet de sauter le pas avec des personnes qui partagent vos codes, vos envies, vos peurs.

La seconde option : rejoindre directement un territoire qui vous attire et tenter de constituer sur place un collectif. Cela nécessite d'être enclin à aller vers les autres et de s'adapter davantage. Si cette possibilité peut sembler plus complexe et risquée au départ, la capacité du groupe que vous constituerez sur place à mobiliser des ressources et à prendre les bonnes décisions sera plus forte en connaissance des atouts et contraintes du territoire. Vous profiterez de l'ancrage des autres membres du collectif.

Partir pour construire un projet en solo n'est pas une option à invalider. Quelle qu'elle soit, pour faire grandir votre idée, vous aurez sûrement besoin d'avoir recours à diverses compétences et ressources humaines. Il arrive que certains projets très individuels au départ finissent par tendre vers le collectif, bien au-delà de ce qu'on imaginait.

LES NÉORURAUX SONT-ILS MAL VUS ?

Évidemment, selon les territoires, l'accueil de nouveaux arrivant·es peut être aléatoire et les préjugés plus ou moins présents. On est vite taxé de « parisien·ne ». Dans notre village, par exemple, les habitant·es qui ne sont pas né·es dans le secteur sont appelé·es « les hors venus ». Toutefois, la nécessité pour les communes rurales de maintenir un solde démographique positif joue en faveur des candidat·es à l'exode urbain. Ensuite, c'est une affaire de rapports humains.

« Il est toujours plus facile de faire tomber les barrières en étant ouvert·e et en allant vers les gens du coin. En créant une association dès notre arrivée, en organisant des portes ouvertes avant même d'avoir des portes, nous avons alimenté la curiosité du voisinage et créé du lien. Nous avions très peur de passer pour des marginaux avec notre projet de plantes aromatiques biologiques, mais ce qui nous a tout de suite rendus légitimes et assuré du soutien, c'est le choix d'un modèle d'agriculture qui impose des tâches manuelles importantes. Les ancien·nes qui ont connu l'avant révolution agricole savent la pénibilité de notre travail. Ils·elles louent notre courage avant de juger l'originalité de la production. Cet axe a été essentiel dans notre intégration. Prendre contact avec

les néoruraux qui ont ouvert la voie peut être un facteur rassurant si vous appréhendez votre arrivée dans une commune. Une fois encore, n'hésitez pas à demander conseil auprès de la mairie de votre commune de destination. »

EFFONDREMENT ET EXODE URBAIN, SCÉNARIO D'UN DÉPART SOUS CONTRAINTE

Je n'ai volontairement pas axé cet ouvrage sur la perspective de l'effondrement, pourtant je sais comme cette question est présente dans l'esprit des urbain·es qui réfléchissent à leur mode de vie. En à peine un an, nous avons connu deux épisodes extrêmes : les canicules de l'été dernier, qui ont poussé les habitant·es qui suffoquaient dans leurs petits appartements hors des villes, puis le Coronavirus, qui a reproduit plus massivement encore ce mouvement de fuite vers les campagnes à l'annonce du confinement.

Quelle que soit la forme que prenne une crise d'ampleur : catastrophe naturelle, rupture énergétique, guerre, pandémie, les plus vulnérables seront celles et ceux qui vivent en villes. Ce sentiment de fragilité préoccupe de nombreuses personnes aujourd'hui, avec des conséquences inévitables sur la santé mentale. C'est ce qu'on appelle la « solastalgie », l'angoisse profonde et vertigineuse de voir demain le monde que l'on a connu s'effondrer. Pas une donnée scientifique ne vient aujourd'hui apaiser ce sentiment. Les villes sont des colosses aux pieds d'argile. Avec seulement trois jours d'autonomie alimentaire, Paris n'est absolument pas à même de faire face à une crise importante. C'est pourquoi l'exode urbain me paraît être le moyen le plus pertinent d'éviter les pires scénarios envisagés par les scientifiques pour l'avenir. Les collapsologues sont formels quant à l'imminence d'un certain nombre de menaces, en particuliers liées aux conséquences du changement climatique (phénomènes météorologiques extrêmes, crises alimentaires, etc.). Il serait irresponsable d'attendre que le départ en masse des populations urbaines vers les campagnes soit forcé par des évènements dramatiques.

Il est urgent de repenser notre rapport à la consommation, à l'accumulation et au gaspillage des ressources. Il est impératif de vivre plus sobrement, de produire moins de déchets et de réfléchir à l'impact de nos décisions quotidiennes sur un avenir plus ou moins proche. Quitter la ville me semble être une étape préalable, indispensable à la remise en cause profonde du modèle consumériste. Si l'exode urbain prend forme avant l'effondrement, la fin du système capitaliste pourrait bien arriver. Car alors nous serons résilients face à la mort de ce système toxique. Nous serons prêts à imaginer le monde d'après : autonome, ouvert et solidaire.

CONCLUSION

J'espère que cette lecture vous aura donné l'envie de démarrer un nouveau récit pour votre vie et pour notre société. La peur, la frustration ne peuvent être le moteur d'une vie. Pour avancer avec confiance, il nous faut l'espoir. C'est cette graine-là que je veux semer avec mes mots.

L'exode urbain est perçu comme une proposition radicale. Néanmoins, les défis auxquels nous faisons face ne nous laissent plus d'option en demi-teinte. L'heure de la politique des petits pas est loin derrière nous. Si nous ne voulons pas subir les conséquences désastreuses de ne pas avoir agi quand il était encore temps, il nous faut faire des choix, maintenant. Des choix individuels et intimes : ce que l'on fait de sa vie, ce que l'on souhaite incarner et transmettre. Mais aussi et surtout des choix collectifs.

Entre appel de la campagne et critique de la ville, l'exode urbain permet avant tout un juste rééquilibrage. Il ne s'agit pas de rester dans l'opposition ville/campagne et de tout faire pour inverser la domination actuelle des métropoles sur les zones rurales. L'idée est plutôt de changer notre regard sur les territoires. De modifier la nature de leur relation en passant de la concurrence à la complémentarité et à la solidarité. Retrouver entre des espaces différents une aspiration à un destin commun.

En prenant le chemin de l'exode urbain, vous contribuerez à changer les campagnes, à offrir un souffle d'énergie à des zones désertées qui en ont tellement besoin. Ce mouvement représente aussi pour les villes l'opportunité de se réinventer. Dédensifier, imaginer autrement l'architecture pour faire face aux conséquences du changement climatique, connecter les espaces entre eux par des modes de déplacement à faible impact. Pour faire cette révolution, il faut offrir aux villes un grand bol d'air.

Alors partons, partez, et imaginons ensemble un avenir où les ponts supplantent les frontières, où la mobilité permet d'avoir un pied (ou le cœur) d'un côté, sans fermer la porte à l'autre. Il ne s'agit pas de choisir son camp, mais d'engager une dynamique nouvelle, de s'émanciper. Libres, responsables, parties prenantes du vivant, nous sommes les artisans du monde d'après.

Quittez la ville maintenant, on vous attend.

BIBLIOGRAPHIE

- Benoît Coquart, *Ceux qui restent – Faire sa vie dans les campagnes en déclin*, La découverte, 2019, coll. L'envers des faits.
- Christian La Grange, *Minimaisons et tiny houses – Une autre manière d'habiter*, Terran, 2019, coll. La vie des idées.
- Corinne Morel Darleux, *Plutôt couler en beauté que flotter sans grâce – Réflexions sur l'effondrement*, Libertalia, 2019.
- Damien Deville et Pierre Spilewoy, *Toutes les couleurs de la Terre – Ces liens qui peuvent sauver le monde*, Tana, 2020.
- Éric Lenoir, *Petit traité du jardin punk*, Terre vivante, 2018, coll. Champs d'action.
- François Terrasson, *La peur de la nature*, Sang de la terre, 2007, coll. La pensée écologiste.
- Guillaume Faburel, *Les métropoles barbares – Démondialiser la ville, désurbaniser la terre*, Le passager clandestin, 2018.
- Hervé Tanquerelle et Yann Benoît, *La Communauté* [Entretiens], Futuropolis, 2010.
- Jean Giono, *Regain*, Le livre de poche, 1967.
- Jean Vioulac, *L'époque de la technique*, PUF, 2009, coll. Épiméthée.
- Jean-Benoît Bouron et Pierre-Marie Georges, *Les territoires ruraux en France*, Ellipses, 2015.
- John Seymour, *Le grand guide Marabout de l'autosuffiance*, Marabout, 2019.
- Jon Krakauer (trad. Christian Molinier), *Into the Wild*, 10/18, 2008.
- Marie Pezé, *Ils ne mouraient pas tous mais tous étaient frappés*, Flammarion, 2010, coll. Champs actuels.
- Miranda Gray, *Lune rouge – Les forces du cycle féminin*, Macro éditions, 2017, coll. Le jardin d'Ève.
- Matthew B. Crawford (trad. Marc Saint-Upéry), *Éloge du carburateur*, La Découverte, 2016.
- Paul Bedel et Catherine École-Boivin, *Testament d'un paysan en voie de disparition*, J'ai lu, 2012.
- Philippe Bihouix, *L'Âge des low tech – Vers une civilisation techniquement soutenable*, Seuil, 2014, coll. Anthropocène.
- Sarah Abdelnour et Dominique Méda, *Les nouveaux travailleurs des applis*, PUF, 2019.

REMERCIEMENTS

Merci à toutes celles et ceux qui, dans le parcours tortueux de la naissance de ce projet et de cet ouvrage, m'ont guidée, inspirée, soutenue. Merci à ma famille et en particulier à mes parents pour leur amour et leur soutien inconditionnel, pour leur confiance qui nous a donné tant de force. Merci à Étienne et Françoise Boudin qui m'ont transmis le gout des choses simples, ces moments d'enfance au jardin sont un trésor. Merci à François Lenormand et aux CPN de m'avoir appris à regarder mon environnement avec humilité, respect et donné l'intime conviction qu'il est nécessaire de protéger la nature. Merci pour cet éveil précoce. Merci à Serge Buquet, les ami·es d'Attac, des Verts, de Sauvons les riches, de Salam, de la ZAD, avec qui j'ai cheminé. Ces années d'engagement sont ma colonne vertébrale et je nous souhaite de lutter encore longtemps et de ne jamais perdre la flamme. Merci aux copains et copines du Camp Climat : l'action de masse n'a sans doute pas été à la hauteur de nos attentes, mais que ces quelques semaines ont changé nos vies à tous·tes ! Merci à Dominique Plancke de m'avoir tant appris dans les institutions et, il y a dix ans, d'avoir ouvert sa porte à Montredon, dans le Larzac, me laissant entrevoir que la politique peut revêtir mille habits et ce que la campagne peut porter d'utopie. Merci à Rémi Lefebvre, à Pierre Mathiot de leur bienveillance, de m'avoir donné quelques clés essentielles pour la compréhension de ce monde, mais aussi et surtout une méthode, des codes et l'exigence nécessaire pour mener justement mes combats. J'ai compris à Sciences Po le pouvoir des mots quand ils sont traduits en actes, et c'est la genèse de ce livre. Merci à Loïc Le Pollès et Isabelle Chaillou, parrain et marraine en agriculture et en vie paysanne. Merci à Christophe Conquérant pour ton aide et ton soutien, merci aussi à Marc et Christine de nous avoir fait confiance en nous transmettant la ferme de vos parents. Merci à René Riaud et à l'équipe municipale de Sixt-sur-Aff, à Franck Pichot et Anne Patault : le soutien des élu·es de notre territoire a été un élément clé de notre réussite. Merci à la ZAD et aux errances de nos décideurs pour le rappel régulier à la nécessaire radicalité. Merci à Claire Cartieaux d'avoir accompagné le passage de la chenille au papillon. Merci à tous ceux et celles qui ont contribué la naissance et au développement du projet : à nos cent vingt-six copropriétaires, et plus encore aux premier·ères qui nous ont fait confiance quand nous n'avions encore rien prouvé, ainsi qu'aux membres de l'association et bénévoles qui nous permettent d'organiser tant de belles choses au café-librairie. Merci aux clubs Cigales Yavankiz, Omega 35 et Brocéliande qui nous ont mis le pied à l'étrier, et en particulier à Jeannot et Pierrot pour leur soutien bien avant notre arrivée, ainsi qu'à Laurent Chevrel pour les heures passées à tenter de faire émerger un équilibre dans ce modèle économique en construction. Merci à nos business Angels, aux contributeurs de nos campagnes de crowdfunding de nous avoir donné les moyens de transformer ce rêve en réalité. Merci à tous ceux et celles qui depuis le premier jour ont apporté leur pierre à l'édifice : Florent, Pascal, Anne-Lise, Timy, Paulo, Max, Sassou, Manu la frite, Géraldine, Clément V., Camille, Maëla, Clément B., John, Jenny, Lucia, Olive, Duch, Eric, Théo, Olivier, Alice, Marjorie et les filles, Pierre, Philippe et tou·tes les autres que j'oublie sûrement ou qui ont préféré rester discrets. Comment aurions-nous construit tout ça sans vous ?

Un grand merci à Gilou, de ton aide et tes contributions pour cet ouvrage mais, bien au-delà, d'avoir accueilli nos choix, accepté de faire tomber les barrières et répondu toujours présent. Il n'y a pas de mot suffisamment fort pour décrire ce qui nous lie aujourd'hui. Merci aussi à Ophélie Latil, Mathilde Aubry, Tamara Glas et Majdouline Sbaï qui m'ont poussée à faire naître cet ouvrage. Sans vous, les filles, il serait encore dans un coin de ma tête. Merci à Gilles de Beaupte pour son regard de philosophe si précieux qui a éclairé mon chemin. Merci à Antoine Cochain qui a lutté pour sauver la ville par un urbanisme engagé et accepté de m'apporter un contrepoint urbain essentiel à cette réflexion. Merci à Vincent Bart pour son expertise sur la ruralité et la mobilité et d'avoir accompagné ce projet avec exigence, humour et bienveillance. Merci à Morgane Jumez, ma tour de contrôle, ma plus fidèle alliée, ma sœur de cœur. Merci à celles et ceux qui ont répondu à mes questions et offert leur témoignage pour m'aider à avancer dans cet ouvrage : Jean-Marie Juhel, Anne-Gaëlle et Eddy Giraldes, William Anstett et Claire Grolleau. Merci à Corinne Mongeon, Brigitte Michaud et Julie Dubout des éditions Terre vivante pour notre belle collaboration et la confiance renouvelée au fil des années. Je suis heureuse que cet ouvrage trouve sa place au milieu de tant d'autres dans votre maison coopérative et engagée, qui contribue chaque jour à un monde meilleur. Merci à Anne-Claire Héraud pour tes clichés, qui rendent, à travers ton regard de photographe si doux, notre quotidien parfois rude.

Merci à Adrien, toi qui m'a permis de vivre mon exode urbain, compagnon de vie et de valeurs, ami, amant, regard exigeant et bienveillant, chaque jour tu m'aides à devenir meilleure. Ce projet de vie, ce livre, notre belle famille, rien n'aurait été possible sans toi. Merci aussi à ma petite Jeanne qui sait me rappeler à chaque instant comme ce que nous avons créé est précieux.

DANS LA MÊME COLLECTION…

Permaculture au quotidien
Jardin, santé, gouvernance, développement personnel, éducation, cuisine
Louise Browaeys

Carnets de WWOOFing
Partager le quotidien des fermes bio
Jean-Jacques Fasquel

Petit traité du jardin punk
Apprendre à désapprendre
Éric Lenoir

L'entreprise responsable et vivante
Donner un sens au travail avec la RSE
Louise Browaeys

Jardins solidaires
Cultiver le vivre ensemble
Amandine Geers

Vincent, paysan engagé
Être, faire et dire
Nyko Leras
(Parution septembre 2020)

PEFC™
10-31-1510

Achevé d'imprimer en France par Corlet (Condé-en-Normandie)
Dépôt légal : août 2020 – N° 20070135